牧師・大頭の「焚き火」日記

大頭眞一［著］
Ozu, Shinichi

キリスト新聞社

目次

解説　5
はじめに　9
火山先生ノ巻　11
カーさんノ巻　24
テキサス氏ノ巻　34
コロナに負けるな！ノ巻　45
般若心経ノ巻　55
石川ヨナノ巻　63
〇〇こ星人ノ巻　72
革命少女炎子《ほのおこ》ノ巻　86

蒼穹ノ巻　96
事件番号令和三年
　検第六××号ノ巻　122
ショーブルックロード
　一三番地ノ巻　134
飯田岳ノ巻　151
新たな旅立ちノ巻　161

解説

驚くようなペースで本を出す大頭先輩だが、今度は、日記だ。「焚き火を囲んで聴く神の物語・対話篇」の帯は先輩を「キリスト教界のピース又吉」と形容している。ユニークなキャラ、ユーモアのセンス、高い文学性は、その形容にふさわしい。しかし、今回、この日記を読み、先輩の日常の一端を知る中で、僕は、別のお笑いタレントを思い浮かべた。

それは「フワちゃん」だ。自由過ぎるが、何物にも縛られない生き生きとした姿が好感を呼ぶ。ハラハラドキドキさせる言動もしばしばだが、許容範囲内で面白がれるレベル。結局は、愛されキャラであり、最終的には自分らしさ全開で、評価と人気を得てしまう。僕は思うのだ。先輩は「キリスト教界のフワちゃん」ではないかと。

この日記は、焚火的な読み方がお勧めだ。心理学の世界には「自己開示の相互性」という言葉があるそうだ。相手が心を開けば、自分も心を開きやすくなり、こちらが心を開けば、相手も心を開いてくれるということだ。共に焚火を囲みながら、先輩が日記を開き、心も開いて語りかける。それを聞く僕たちも心を開き、その語り掛けを聴くのだ。そうすると、先輩の体験と先輩をめぐる出来事が、次第に自分の体験や出来事と重なってくる。記されている神学上のテーマも、自らにとって身近でリアルなものに思えてくる。

先輩の自己開示は、こちらが心配になるほど、正直だ。自らのトホホもトンデモも、隠すことがない。しかも、そのトホホ振りとトンデモ具合がフワちゃんレベルだ。「〇〇こ星人より自分の方がヤバいでしょ！」「何で、そこでカラオケなの？」「その歳からバイク乗るかよ！」僕は、何度も突っ込んだ。ここまでの自己開示をされると、こちらの警戒心もどこへやら。笑ったり、呆れたりしながらも、焚火を囲む仲間へといよいよ引きずり込まれていく。

間違っても、日記の中に、聖書の真理や神学上の模範解答を直接的な文言で、求めてはならない。読み進めていく中で、焚火を囲む仲間との間に見えてくるものがあるはず。炎が燃え続ける音、薪が弾ける音に紛れて聞こえてくる語り掛けもあるだろう。それがこの日記の醍醐味だ。

日記が記す神学的テーマは本質的かつ深遠なもの。論文なら理解困難であろう内容を、息をするように神学をする先輩は、日記という形式で、日常生活レベルで記している。だから、理解しやすいのだ。しかも、それは、観念的な思索ではなく、地に脚の着いたものとして、血も涙もある人格的な温かみをもって届いてくる。僕たちの頭だけではない、心に届き、腹に落ちて行く。きっと、信仰のパラダイムシフトや神学的覚醒を経験する読者もいることだろう。

日記からは、牧師として歩む楽しさが伝わってくる。楽しさの秘訣は、地域に未信者の友達がいることだ。先輩は、地域の方々に対しては、伝道対象としてよりも、友人として接し、福音の恵みを分かち合っているようだ。標準的ではないかかわり方をしながら、福音を伝えようとする姿は、福音書が記すイエス様に似ていないだろうか。

「牧師は大変」「なるもんじゃない」。そんな思いを抱きがちな僕たちに、先輩は牧師本来の喜びを、身をもって示してくれる。多くの牧師は、高ストレスで低収入。かなりコスパが悪い。でも、召されてやってみると、これがなかなかいい。本来は楽しいし、先輩に倣えば、楽しくできるのだ。牧師にだけにはなりたくなかった僕が言うのだから、これは本当だ。

以上が解説だ。まあ、解説になっているかどうか、怪しいけど。せめて、日記を読み進める際の参考になれば、うれしいと思っている。

というわけで、そろそろ焚火を囲むとしよう。どうぞ、あなたも、もう少し火の近くまで。

水谷　潔

はじめに

なんとなく、「焚き火」日記が始まった。なぜ「焚き火」なのか。ぼくにもぼんやりとしか分からないのだが、小平恵氏がうまいことを言っているので引用したい。

「北海道で育った私は、幼い時から薪ストーブの焚き付けが子どもの仕事でした。固くしぼった新聞紙の上に焚き付けの木っ端を置き、十分燃え上がったところで、秋に割って乾燥させた薪を積んでいき、次第に炎が高く燃え上がる様子を飽きもせず眺めていたものでした。焚き火には、確かに人の心をつかむ力があるのです。（中略）焚き火を囲んで丸く輪になる時、人々は隣り人と近くで語らい、燃え上がる炎をともに見つめながら、あるいは互いの瞳に映るその火炎を見つつ、心の奥の様々な思い巡らしを問わず語りに分かち合うことができるのでしょう」（『焚き火を囲んで聴く神の物語・対話篇』ヨベル）と。つまりそういうことだ。

焚き火を囲んで聴く
大頭眞一と焚き火を囲む仲間たち
神の物語・対話篇
大頭眞一［著］
Ozu, Shinichi
神という巨象をなでてみよう。
仲間と、焚き火を囲みながら。
『聖書信仰』の藤本 満氏も絶賛！
神学者カール・バルトも、文豪ドストエフスキーも、だれかれ見境なく「先輩」呼ばわりするキリスト教界の"ピース又吉"こと、バスター・オーズ。彼が勝手に焚き始めた火の周りには気がつくといろんな人たちが集まってきて、歌い、踊り、笑い、泣いている。さあ、焚き火を囲んで暖まって、朝まで語り明かそう。懐かしい神の物語を。
YOBEL,Inc.

以上が焚き火日記の第一回。こうしてなんとなく始まった焚き火日記は、キリスト新聞の二〇一九年七月一日から二〇二二年四月一日まで連載された。キリ新から頼まれたわけではない。ぼくの持ち込み企画だ。狙いはいくつかある。第一は牧師という仕事の楽しさを伝えたいと思ったこと。牧師小説というのはなかなか有望なジャンルだと思うのだが、その例は少ない。G・K・チェスタトンのブラウン神父シリーズは有名だが、他にはあまり聞かない。

第二は神学を身近なところで語りたいと思ったこと。キリスト教の本質を記すことによって、手にとる人たちの福音のいのちが成長し、それが伝道につながればと願ってのことである。そんな目論見は成功しただろうか。どうか読んでいただいて判断していただきたい。

尚、本書に登場する人物にはモデルがいるが、デフォルメされている。フィクションとして楽しんでいただけたらと思う。

火山先生ノ巻

ぼくには小さな悩みがある。それは火山先生のことだ。「かざんせんせい」だ。火山先生とはもう七年、月に一度一緒に聖書を読んでいる。毎月の第四土曜日だ。聖書を読んで、ぼくが語る。すると先生は必ず「むずかしいですなぁ」と言うのだ。初めのころ、ぼくは自分を責めた。先生が「むずかしいですなぁ」と言うのは、①ぼくに祈りが足りず霊的でないから、②ぼくの学びが足りず核心にふれていないから、③ぼくのコミュニケーションがなっておらず届く言葉を用いていないから、のどれかのうちの一つではないかと思ったのだ。

けれども、七年間で計八四回の「むずかしいですなぁ」を聞いているうちに分かってきたことがある。それは先生の「むずかしいですなぁ」にはいろいろあるということだ。例えば、小さくほっと溜息をついてから「むずかしいですなぁ」と言う時は、本当に難しいと思っている時だ。目を泳がせながら「むずかしいですなぁ」と言う時もあるのだが、これはちゃんと聞いていなかったことをごまかそうとする時だ。時には、ゆっくりと「むずかしいですなぁ」と言う。これは、ほぼ「よく分かりました。深いですなぁ。心を動かされました」という意味だ。

ところがある日、先生は「今日のはよく分かりました」と言ったのだ。ぼくも他の近所の人々も、なんだかかえって物足りなく思った。

今回で打ち切りになるかもしれないので、言っておきたいことがある。それはぼくが、こうしてメディアに登場したりSNSに投稿したりするのは、路傍伝道の一種なのだ。映画の『塩狩峠』では雪玉が飛んでいたが、ネットだって炎上する。ええかっこしいで目立ちたがりでいるのも、それなりにたいへんなのだ。


ぼくにはもうひとつ小さな悩みがある。火山先生は、てんこくの先生だ。「篆刻」と書く。ハンコだ。先生の家に行くと、てんこくの印影を綴じた帖面がある。すごい数だ。印は頼んだ人のもとに行くから、先生の手もとには印影しか残らない。先生の奥さんが出してくれるおいしいお茶をすすり、お菓子をポリカリ食べながら見ていると、東大寺や黄檗山の高僧のがたくさんある。先生はかなりのてんこく家らしいのだ。

ぼくの悩みは、ある日先生がぼくに、「ひとつてんこくを彫って進ぜよう」と言った時に始まった。理由は①牧師がご近所の人からものをもらってもいいのか、②印を持ってるなんて、人から偉そうだと思われないか、③ぼくが喜んだら、先生が「ボーズもオーズもいっしょ、欲ある人間よ」と思うかも、などと思ったからだ。先生は何度もぼくに、「さあ、何を彫って進ぜようかな」と訊いてくれたのだが、ぼくはいつも「うーん」とうなっていた。

ある日、先生が小さな箱をくれた。錦というのか、深いみどり色の布で作った箱を開けると印がはいっていた。添えられた印影の美しさにぼくは息を飲んだ。てんこくは書画のそえものではなかったのだ。くっきり「大頭眞一」と押された印影はそれ自体いっこの芸術だった＝左＝。

先生はよく、他の人のために彫ったてんこくの印影をくれる。美しく柔らかな和紙はしおりに最適で、聖書のうすい紙もいためることがない。ぼくはそれらを楽しむようになった。そんなある日、ぼくの人生に大きな影響を与える出来事が起こった。上沼昌雄先輩が北大の千葉惠教授の大発見を教えてくれたのだ。これがどれほどの大発見かを書くのは、この日記の趣旨に反するのだが、まあ世界が変わるような発見だ。とにかく福音の見える風景が変わるのだ。そういうわけで、ぼくは千葉先輩にまとわりつき始めた。なにせ哲学の素養がゼロのぼくだ。とんでもない初歩的な質問をする。さらにはメディア向けにてきとうなものを書いては千葉先輩に、書き直してもらうなどもする。その様子を見ていた上沼先輩が、大学教授がああいうふうにしてくれることはあり得ない、と言っていたぐらいだ。

やがて、ぼくは北大文学部六一五研究室に行く決心をした。千葉教授には前にも会っていたけど、そこで世界の福音の見える風景を変える企てののろしを上げるために。もちろん上沼先輩もいっしょに。そのとき、ぼくはなにかの形で千葉先輩に感謝を伝えたいと思った。最初は阿闍梨餅《あじゃりもち》にしようかと思ったが、もっといいことを考えついた。千葉先輩の思想の大発

見の中心であるみ言葉を、火山先生に頼んでてんこくにしてもらうのだ。すなはち「拠基督之信（キリストの信によって）」。ローマ書三章二二節の千葉訳だ。でも、①火山先生にそんなことを頼むのは甘え過ぎていないだろうか、②お金を払いたいけど、受け取ってくれなかったらどうしよう、③お金を受け取ってくれるとして、すごく高かったらどうしよう、などと不安になってきた。まったく人生は退屈しない。

ある日、ぼくは勇気を出して火山先生に言ってみた。①ぼくの尊敬する千葉恵教授に感謝の気持ちを表したい、②そのためにてんこくしてもらいたい、③お金を受け取ってもらいたい、④てんこくするのは「拠基督乃信」でなければならない。ぼくが話している間、火山先生はじっと聴いていたが、やがておもむろにこう言ったのだ。「大頭先生は私の師です。その大頭先生の先生は、やはり私の師です。彫らせていただきましょう」と。

ぼくはガーンとなった。火山先生はいくらお金を積まれたって、お金のためにてんこくはしないのだ、と分かったのだ。けれども、その火山先生が、ぼくを師と呼んで、てんこくしてくれると言うのだ。もちろん火山先生は、これまで京都や奈良の高僧たちを、師と仰いできたのだろう。でもそんな火山先生の中で、ボーズではないオーズが師と位置づけられているのは不思議にも尊いことだと思うのだ。

火山先生は、そこで当然の質問をした。「ところでその『拠基督乃信』とはいかなる意味ですかな？」これは悩ましい。まだキリストへの信仰を持たない火山先生に、牧師であるぼくもなかなかのみ込めなかった大発見を伝えようというのだから。ぼくは目の前に出された涼しげに震える水羊かんをにらんで少し考えた。それから、おもむろに口を開いた。

「火山先生、人類をずっと悩ませてきた問題があります。それは、人が救われるのは信仰によるのか、それとも、善い行いによるのか、という問題なんです」。そこで鮮やかな若草色のお茶をひと口すすって続ける。「よいわざによって救われるという考えは、例えばエジプトの昔の絵なんかに出てきます。その人の生前の善行と悪行がてんびんにかけられるのです。ただ、多くの宗教はこれに否定的なんです。なぜなら、自分の善行が自分の悪行を上回ると思っているようなおめでたい人間はめったにいないからです」。

「なるほど」と火山先生は、先を促す。ぼくは、一生懸命、今まで千葉先輩や上沼先輩に聴いたことを思い出しながら語る。「では、人は信仰によって救われるのでしょうか？　ぼくたちも『♪信じる者は救われる』と歌います。けれども、信仰というのは揺らぐものです。『私の信仰』によって救われる確信を持つことなど不可能なんです」。火山先生は「それこそ私たち俗人の悩みです」とつぶやいた。ぼくはこころが燃えてきた。「だから『抛基督乃信』なんです。ぼくたちを救うのは、ぼくたちの信仰ではなく、『キリストの信』なんです」。

火山先生の上品な眉が上がった。「して、『キリストの信』とは？」ぼくは、ぶあつい一枚板のテーブルに身を乗り出した。「キリストの父なる神への信頼です。決してこわれることのないキズナ。それは、信仰とか行いとか、といったごたたくではなく、存在の深みにおけるつながり」。

　言い終えて、ぼくは疲れを覚えた。いま、ぼくの存在をかけた言葉を発したからだ。千葉先輩はもっともっと多くのことを語っている。けれども今日のところはこれで十分だろう。ほんとうは、「神ご自身にとって信（信の律法）は行い（わざの律法）よりもいっそう基本的なことがらであったことが解明されたんです。だから『抛基督之信』なんです」と言いたかったのだが。

火山先生は、うなずいた。ただ、うなずいた。

それから、しばらくして火山先生は、「據基督之信」（抛の字が據に代わった。これは先生の趣味）の印を届けてくれた。その印影がこれ＝右上＝だ。愛と尊敬がこもったその印を千葉教授はとても喜んでくれた。ぼくもうれしかった。

　ところが、そんなことをしているうちに、小さな悩みと共に、ある願いがぼくのうちに起こって来たのだ。悩みというのは字がヘロヘロなことだ。時々著書にサインを頼まれることがあるが、頼んだ人々はみな、なんとも言えない顔をして、立ち去って行く。ぼくの母はいつか「お前の字を見ていると気持ちが悪くなってくるよ」と言ったことがある。そこでぼくは、絵を描くことにした。こういうやつ＝下＝だ。

これを描くとみんなが「絵がお上手ですねぇ」と言ってくれるので、ぼくは得意になって描きまくった。けれどもだんだん、いい大人がそんなことで喜んでいて、よいのだろうかと悩み始めたのだ。

そこで火山先生に、サインを頼まれた時、字を書く代わりに押すてんこくを作ってほしいと頼むことにした。火山先生は、ぶんごうにもそういう人がいる、と言って喜んで引き受けてくれた。ぼくが頼んだのは、これだ＝左上＝。「神愛眩暈」。「しんあいげんうん」と読む。火山先生の問いに答えてぼくは意味を説明した。「これは古く四世紀のニュッサのグレゴリオスに遡るんです。彼は神に会うことを表すのに、断崖の喩えを用いました。つまり、神はぼくたちの感覚をはるかに超えている。だからぼくたちが神に会うことには、まるで断崖から下を見下ろした時に感じる、めまいに似ているのだ、と」。先生は、うなった。ぼくは続ける。「では、ぼくたちをはるかに超えた神にどのようにして会うことができるのでしょうか。答えは、簡単です。ぼくたちには、できないんです。だったら、ぼくたちは神に会うことができないのか？　それはノーなんです。神の方からぼくたちに会ってくれるんです」。深呼吸してぼくは結論を語った。

「それがぼくたちに会うためにこの世にくだり、ぼくたちのために十字架にあげられた、生ける神の子イエス・キリストなんです。神の愛はそんなめまいのするような愛なんです」と。火山先生は、じっとぼくが書いた、

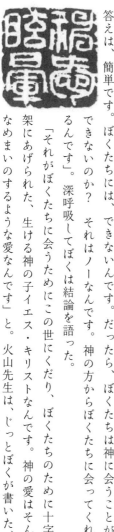

のたくった「神愛眩暈」を見ていた。

ぼくにはまたひとつ小さな悩みができた。「神愛眩暈」の制作が始まったある日、火山先生から、「先生もなにか号をお持ちになるとよろしい」と言われたのだ。つまり神愛眩暈の印を押したとする。けれども、それだけでは、それがだれの印なのか分からないのだ。

火山先生とぼくはたくさんのアイデアを出し、出しただけ全部ぼつにした。最後に残ったのは、「焚火堂」と「焚火斎」。それぞれ、「ふんかどう」「ふんかさい」と読む。けっきょく「焚火堂」に決まったのだが、それは、「焚火斎」がテレビアニメ『忍たま乱太郎』に出てくるあのなんとか斎を思い出させるからだ。

火山先生は、「焚火堂」のデザインには苦労したようだ。てんこくには白文と朱文がある。印影の文字が白いのが白文。赤いのが朱文だ。朱文は、文字を残してあとはぜんぶ彫り取るので、手間がかかるし難しい。また「焚火堂」は三文字なので、正方形の石に彫る場合、二文字と一文字に分かれるのでバランスが難しいのだ。先生は何度もえんぴつでデザインを描いた。一度彫ったものを削り取って、彫り直したとも言っていた。そうしてでき上がったのが、これ＝右下＝だ。

右側に「焚」と「火」。左側に「堂」だ。印影のわくの部分が欠けているのが分かる。こ

れは決して、火山先生が手をすべらせたわけではない。こうして古印の趣をかもしているのだ。何でも新しければよい、というものではないのだ。注意深い人は、「堂」の下にあるでっぱりに気がついたかもしれない。実は、これが後のち火山先生を悩ませることになったのだ。

できあがった「焚火堂」の印を前に、火山先生が心配げに「なにかお気づきではないですか？」と言うのだ。すると和子さんが、「ここに『てん』があります」と発言した。今まで、言いそびれていたが、火山先生は和子さんといっしょに行かないとつまらなそうな顔をするのだ。すると先生は、「それです。ただこれは『てん』ではなくて『ブシュ』です」と言う。ぼくは「『ブシュ』ってなんですか？」と質問した。先生は目にけいべつの色を浮かべたりなどせず、「部首です。この場合は『主』という漢字の王の上についている部分を彫ったのです」と教えてくれた。

つまりこういうことだ。てんこくで、なんとか堂とかいう室号に、『主』をつけることがよく行われる。ぼくの場合は「焚火堂主」だ。そのとき『主』と彫らないで、「ブシュ」だけを彫っておくのが、粋《いき》というものだそうだ。ところがその「ブシュ」を彫った後で、火山先生は悩み始めた。これまで聖書を七年間読んできた先生だ。人間に「主」を使うのは禁忌ではないかと考えたのだ。そして言う。「この『ブシュ』を削ることもできます。ただ、それではバランスがよくないので、もう一度、全部彫り直します」と。ぼくは、胸が熱くなった。火山先生はぼくが主を愛していることを知って、その思いを共有しているようなのだ。

ぼくはけんめいにふつうの声で答えた。「火山先生。主イエスはぼくたちのすることをいちいちとがめたりはしません。ぼくたちのためにつばをかけられても、お怒りにならなかったんです。でも、ぼくたちがこうして、ご自分を思っていることを、喜んでおられると思います」。

ぼくにはさらなる悩みができた。今や「焚火堂」という室号とともに「大頭眞一」「神愛眩暈」「焚火堂主」の三つのてんこくの持ち主となったぼく。火山先生の指導のもと、ちゃんと印を押せるように練習してみたのだ。するとたちまち問題がはっせいした。てんこくはキレイにはっきりと濃い印影を押すことがいのちだ。そのためには、実は本のようなぶあつい紙は向いていない。それに加えててんこくを一枚押すごとに、にゅうねんに印泥を印につけなければならないから、とても時間がかかる。ひとびとが列を作っているようなサインの場でこれは致命的だ。ぼくも火山先生も考えこんでしまった。もっとも実際は人々が列を作ってぼくのサインを求めるような場面はまだ発生してはいないのだが。

すると、ちょうどそのときぼくの新しい名刺のデザインがあがってきた。これはぼくの本をぜんぶデザインしてくれている長尾山優さん（仮名）にお願いしていたもの

で、なかなかかっこいい。そのときよい考えが降りてきた。ぼくの本を買ってくれた人にあげるお友だちカードを作るのだ。そこには肩書きもなにも入っていない。そのかわり、火山先生の書「神愛眩暈」と、二つのてんこく「神愛眩暈」と「焚火堂主」が火山先生自身のベストな印影で鮮やかだ。これでぼくの悩みは解決したかって？　答えはイエス・アンド・ノーだ。お友だちカードをあげても、自筆のサインを頼まれることもあるからだ。もちろん時間さえあれば、喜んで応じることにしている。なに、例のヘロヘロの絵を描くだけなのだから。

　ぼくには、とくに悩みがなくなった。ある日、火山先生の家で例のきれいな若草色のお茶を飲みながら、お菓子をポリポリ食べていたら、火山先生が「こんなものを作ってみました」といって、印影を見せてくれた。これはおもしろい。「同行二人《どうぎょうににん》」の印影が三つ並んでいる。ぼくはとくに「人」がヒトの形をしている真ん中のが気に入った。そのことを言ったら、火山先生が、すまなそうに「同行二人なんて、先生にお見せするなんて、どうかとは思ったのですが。これは空海のことですから」と言う。確かに遍路を巡る人びとが身に着けている「同行二人」は「一人で巡礼していても弘法大師空海がそばにいて守ってくれる」という意味だから、牧師のぼくに火山先生が恐縮するのも当然かもしれない。

　ぼくは口の中の甘いかりんとうをのみくだすと、お茶をすすって口を開いた。

「ぼくは同行二人って、なんだか好きですよ」。火山先生は意外そうな顔をした。「だって」とぼくは続ける。「同行二人は、ぼくにはイエス・キリストを思い出させるんです。イエス・キリストが十字架で死んで三日目によみがえった日の午後、二人の弟子がエマオという町へ歩いていたんです。イエスの死を悲しみ、失望のうちに」。火山先生はうなずく。「するとそこへイエスが現れて、彼らといっしょに歩くんです。ところが弟子たちは、それがイエスであることに気がつかない。そんな彼らと共にイエスは歩き続けます。そして、聖書の中でご自分について書かれているところを説明してくれるんです。やがてふたりの弟子がイエスに気づくまで」。

つまり、こういうことだ。イエスはよくわかっている人だけといっしょに歩いてくれるというのではないのだ。イエスに気がつかない人。イエスを信じていない人ともいっしょに同行してくれているのだ。火山先生とも。

ぼくはもう少し語りたいと思った。「火山先生。イエスは同行者です。それもどこまでも同行してくれるんです。芥川龍之介の『蜘蛛の糸』では、糸が切れて落ちていくカンダタをお釈迦さまはあさましく思い、悲しそうなお顔をなさりながら極楽をぶらぶら歩いていきます。けれども、イエスはぼくたちが落ちていくときに、そこにも同行してくれるのです。いっしょに落ちてくれるのです。そうやって人となり、罪びととして十字架に架かり、滅びてくれたんです。だからぼくたちは滅びないんです。イエスがぼくたちが滅びることを許さないからです」。一気に語ってあらためてぼくはイエスの愛に驚いた。これは不思議なことだ。ぼくは毎年おそらく二五〇回以上、イエスの愛を語る。そしてその一回一回、ほんとに驚きながら語っているのだ。その日の帰り際に、火山先生がポツリとつぶやいた。「牧師さんには転任があるのですかな。大頭先生にはずっといてもらいたいですな」と。奥さまもうなずいておられた。ぼくと和子さんは、顔を見合わせてほほえんだ。

カーさんノ巻

ぼくには小さな楽しみがある。それはいろいろなものを作ったり、修理したりすることだ。もう五年ほど土曜日にいっしょに聖書を読んでいるご近所さんがいて、カーさん（あたり前だが仮名）という。ひょんなことから、カーさんがぼくと同じように楽しんでいることがわかった。それでぼくは、何かを修理するときカーさんに相談するようになった。といっても不器用なぼくのこと。何をしても出来栄えはまあまあだ。それでも、それが楽しいのだ。

あるとき召された教会のメンバーの家族が、形見に黒革のコートをくれた。これが実にぴったりで、冬になるとぼくは毎日このコートを着た。やがてだんだん革の色が白くなってきたので染めてみた。これが実にうまくいき、カーさんに見せた。驚くだろうと思って。するとカーさんは「なかなが上手に染めましたね」とほめてくれたのだが、「私もときどき染めますよ」と静かにつけくわえたのだ。ぼくはぎゃふんと言った。

カーさんは工学部出身だ。電気科ではなく、機械科。本人は「目に見えることしか信じることができない」と言う。こうしてぼくは、科学と信仰との間の、いわゆるカテゴリー・エラーの問題に踏み込むことになった。こういうことだ。目の前のリンゴを見て、「このリンゴは自意識過剰だ」と言ったとする。これは、日本語として可能だし、「このリンゴの赤さは、まるで自意識過剰な少年のようだ」という意味なら、成り立つ。けれども、文字通り、リンゴに自意識があることを前提にするなら、それがカテゴリー・エラー。当然、ふたつのリンゴのうち、どちらのリンゴが自意識過剰であるかを論じることに意味などないのだ。

　ぼくには小さな楽しみがある。それはカーさんと自動車の話をすることだ。そもそもカーさんという仮名は、自動車好きであることからついたのだ。カーさんが最初に乗った自動車は初代コロナだ。カーさんによれば、「前につんのめりそうな形をしていて、フロントグリルの下にクランク穴の開いたやつ」だ。これは一九五七（昭和三二）年から五九（昭和三四）年の間に販売されたものだから、カーさんはまだ学生だった。

　その次にカーさんが乗ったのは、初代セドリック。これはぼくが生まれた一九六〇（昭和三五）年発売。縦にならんだヘッドライトが特徴だ。この黒塗りのセドリックでカーさんは仲間とよく遠出をし

日産 初代セドリック（前期型）T／ennen-Gas - https://commons.wikimedia.org/w/index.php?curid=3467214

トヨタ・初代コロナ／Mytho88 - https://commons.wikimedia.org/w/index.php?curid=461820

たそうだ。
いっぽう、ぼくが最初に乗ったのは、チェリーFⅡだ。これは友だちの石山（仮名）くんがくれた。そうとうな中古車で、こいつに乗って高速を飛ばしていると、深海を潜航中の潜水艦のようなミシミシという音がした。いっしょにドライブした江馬路（仮名）くんなどは「艦長、限界深度です。ビーッ、ビーッ、ビーッ、ビーッ！」と叫んでいた。

自動車はただの機械にすぎない。たしかにそうだ。けれども、この機械には人間が乗る。友だち、恋人や妻、息子や娘、あるいは、父親や母親と。そしてそのときどきの物語があるのだ。ぼくとカーさんが自動車の話をするときもそうだ。自動車の性能とか乗り心地の話は、いつしかそこにいた人びとのことへと移ってゆくのだ。

ミニ・クーパー／M 93 - https://commons.wikimedia.org/w/index.php?curid=5016897

カーさんが今まで乗った自動車の写真を全部載せるなんてことはしないけれど、きっといちばんカーさんが好きなのは、ミニ・クーパーじゃないだろうか。アニメのシティ・ハンターによく出ていたこういうやつだ。

なんともかわいい英国車だが、じつはぼくも妻に出会ったころ、英国車に乗っていた。MGBだ。二人乗りのオープンカーで、冬にヒーターをきかせて、屋根をたたんで走ると最高に気持ちがよかった。ただ、夏は弱った。エンジンの冷却がじゅうぶんでなく、一度など銀座の交差点の真ん中で水蒸気を噴き上げて止まったことがある。

なぜ、ぼくたちはこういうものに心を惹かれるのだろう。しょせんは、一トンほどの鉄とゴムとプラスチックのかたまりなのだ。それでも男の子は（一般的に、だ。もちろん鉄女だってたくさんいる）小さなころから自動車や電車に夢中だ。それは捨て去るべき物欲なのだろうか。世界を支配しようとする人間の悪しき性向の現れなのだろうか。ぼくは思う。そこには美しいものへのあこがれがある、と。そしてそのあこがれは、どこかで神さまへのあこがれとつながっているのだ、と。

ある日、いつものように「目に見えないものは信じることができない」と言うカーさんにぼくは語った。「人間のアンテナは理性だけではないんです。感性も、たいせつなアンテナなんです」。カーさんの目が光った。アンテナという言葉がカーさんの理系脳のアンテナに引っかかったようだ。ぼくは勇気を得て先に進む。「たとえばファンタジーは、神さまを伝えるための有効な方法だと思うんです」。カーさんは、かすかに首をかしげる。こういうところが、カーさんの奥ゆかしいところだ。けっして人の言葉をさえぎったりしない。じっくりと最後まで聴いてくれる。だからぼくは補足することができた。「ファンタジーといっても、それは神がつくりごとだって言っているの

MGB／https://commons.wikimedia.org/w/index.php?curid=925828

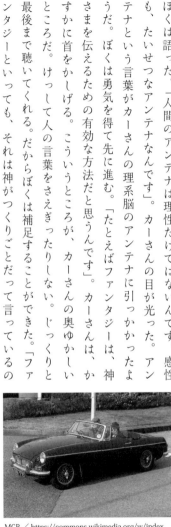

ではないんです。神はフィクションなんかじゃない。でも、神を表現するには詩的な要素が必要なんです。ナルニア国物語のように」。

「詩ですか……」カーさんは穏やかにほほ笑んだ。これはまずい。ナルニアを読んだことがないカーさんにとって、詩という言葉がブレーキになったようだ。カーさんがフットブレーキだけでなく、ハンドブレーキもかけてしまわないうちに、ぼくは語を継いだ。「つまり、ぼくたちの理解を超えた存在や出来事を表現したり、受け取ったりするためには、感性が必要だって、ことなんです」とぼく。そして、ぼくは考え得るかぎり最強の切り札を放出した。

「例えば、恋です。ある人がかの人に恋をするメカニズムは理解を超えています。けれども、それは現実に起こっています。恋する人のなすべきことは、自分の感情を分析することではありません。自分の存在全部を相手に傾けることです。神を知ることは、恋に似ています。ぼくたちの存在が、理解を超えたお方に傾くのです。自分でも説明できない心のうずきとかあこがれというべきものがうごめいて」。言い終えてカーさんを見ると、さっきより首の傾きがきっちり五度、少なくなっていた。

カーさんと話していると、ぼくはしばしば北大の千葉惠教授のことを思い出す。福音の見える景色を変えてし

『信の哲学（下）— 使徒パウロはどこまで共約可能か』（北海道大学出版会）

まう大著『信の哲学』を書いた知性だ。教授は「神の福音はどんな人とでも、たとえそれがまだイエスを信じていない人であっても共約可能であり（共通の尺度が適用されて）、理解できる。なぜなら神は言語使用者であるから」と言う。いたって難解な言葉であるが、これをわかりやすくすると「神さまは私たちそれぞれに届く言葉を使って語りかけられる」ということになる。

だから、たとえどんなに通じないように思えるときにも、神さまはすでにすべての人に語りかけておられる。ぼくたちにはそう思えなくても。『信の哲学』を読んだある牧師はこう言っていた。「知的な障害のある子どもは、自分の口でイエスを信じると告白をすることができない。けれども神さまは彼に語り、届いておられるのだ。それを『福音の共約可能性』から確信することができた」と。このことは、千葉教授によれば「ぼくたちに求められるのは、たましいがまっすぐかどうかだけだ」ということになる。みんなわかっただろうか。まあ、わからなくてもかまわない。たましいがまっすぐでさえあれば。

あるとき、ぼくは気がついた。目に見えるものしか信じることができない、というカーさんの悩みは実はカーさんに限ったことではない。現代の日本人みんなに共通しているものだ。そうだとすれば、この問題を正面から取り上げてみるのもよいのではないだろうか。

ぼくが始めた「一年一二回で聖書を読む会」は今やわかっているだけで日本やアメリカの

七〇近い教会や学校で行われている。テキストの『聖書は物語る　一年一二回で聖書を読む本』（ヨベル）はすでに七刷三五〇〇部以上を売って、中国語と韓国語にも翻訳中だ。けれどもご近所の人たちは「聖書の世界観」か「科学的な世界観」かの間で立ちどまっているようなのだ。だけど二つの世界観はほんとうに対立するものなのだろうか。

ぼく自身このことをキチンと考えたことがなかったから、これはいい機会のように思えた。ちょうどそのころ、だれかがジョン・ポーキングホーンの本がいいと言うのを耳にした。ポーキングホーンはイギリスの超一流の理論物理学者だが、英国国教会（日本では聖公会と呼ぶ）の司祭になった人物だ。

ぼくは評判の『科学者は神を信じられるか　クォーク、カオスとキリスト教のはざまで』（講談社）を古書で六冊仕入れた。六冊というのは①カーさん②火山先生③テキサス氏④画伯女史⑤ケーテ女史⑥ぼく用だ。クォークというのは素粒子の一種らしいが、ポーキングホーン自身が短時間では説明できない、と言っている。おもしろいことに、カーさんは愛犬にクォークと名づけた人に会ったことがあるそうだ。

ご近所さんと一緒に読むことのメリットはすぐに明らかになった。それぞれ理解の得意な分野が異なっているので、互いに教え合うことができるのだ。例えば一七ページの「泡箱で見える荷電粒子の飛跡写真」という図はぼくにはまったく理解ができなかったが、カーさんとアシスタントのGさんがわかりやすく説明してくれた。Gさんは明野キリスト教会員で、このクラスのお世話係をしてくれている。

ぼくたちがうなったのは、ポーキングホーンの「科学と宗教は知的レベルでは兄弟のようなものである」という名文句だ。つまり、ぼくたちは「宗教は非科学的だから信じない」って考えるのだが、言ってみれば「科学だって『科学的』だとはいえない」のだ。

その理由は、科学もまた絶対的に正しい知識には到達できないからだ。絶対的に正しい知識に到達したと思っても、なおその先にもっと驚くような知識が発見される可能性があるのだ。ぼくがまだ小学生だったころ、物質の最小単位は分子だと聞いて、なるほどとノートに書き留めた。ところが、次の学年では、分子は原子からできていると聞き、これもノートに書いておいた。けれども、その次の年、実は原子は……と聞いて、ぼくはノートを取るのをやめ、今も素粒子に関する知識はそこで止まっている。そういうことだ。

そんなことをみんなでワイワイ語り合っていると、テキサス氏がしめくくるように「つまり科学は相対的だということですな」と言った。まさにそうなのだ。そのとき、「キリスト教は非科学的だから信じない」という考え方は成り立たない、と全員がうなずいた。

そんな五人のご近所さんとポーキングホーンの『科学者は神を信じられるか』を読んでいくうちに、ふと稲妻のようによい考えが浮かんだ。

その考えとは、この会のリードをご近所さんのだれかにゆだねてしまう、というものだ。これが聖書を読むってことなら、ゆだねられてもみんな困ってしまうだろう。けれども科学者の書いた本なら話はちがう。そもそものひとびとは、ぼくよりずっと論理性や科学の知識は豊かなのだ。

だれでもよかったのだけれど、ぼくは隣に座っていたテキサス氏に「次回のレジュメを作ってくれませんか」と頼んでみた（ちなみに五人のご近所さんには、それぞれお気に入りの場所があって、いつもそこに座る）。すると、これが大当たりだった。まるでアメリカズ・ゴット・タレントみたいに。つぎの回、テキサス氏は人数分コピーした三ページにおよぶレジュメと、それだけでなく二ページの前回のまとめを用意してきてくれた。

こうしてぼくと五人のご近所さんは、新しいパターンで会を進めることにした。まず、テキサス氏が、ポーキングホーン本のひとくくりを説明してくれる。それから、みんなでポーキングホーンのその箇所を輪読する。続いてぼくが、みんながひっかかりそうな聖書やキリスト教的な概念についてコメントする。後はみんながワイワイと思ったことを言い合ったり、いっしょに考えたりするのだ。

目に見えないものは
信じることができない
目に見えない神様に
命を賭けている
道が交わることはあるのか？

テキサス氏ノ巻

ポーキングホーンのよいところは、なるだけ神さまびいきにならないようにしているところだ。もちろん司祭なんだから、神さまびいき、というか神さまに憑かれている人だ。でもそれを出すと神さまに懐疑的な人びとと会話できなくなるから、それを避けようとしているのだ。だからこの本には「愛」という言葉は出てこない。愛はファイナル・ワードで、この言葉を聴いた者は、愛を受け入れるか愛を向けるかどちらかを選ばなければならなくなるのだ。

ポーキングホーンの二章に差しかかったころ、ぼくたちはよく意味の通じないところがあるのに気づいた。前の文章とつながらない文章がときどきあるのだ。最初ぼくは自分の頭がよくないからだと思ったのだが、みんなもわからないと言う。そこで、ぼくは英語版を注文した。

英語版は「Quarks,Chaos & Christianity：Questions to Science and Religion」だ。日本語版とはタイトルとサブタイトルが入れ替わっている。この英語版を読んでみると、興味深いことが分かった。といっても、読んだのはぼくじゃない。テキサス氏だ。最近ぼくは英語を読んでもよく分からないのだ。テキサス氏は英語版にはある文章で訳されていないところがあることに気づいた。例えばポーキングホーンがチェシャ猫にふれているくだりなどだ。

実はぼくにはひとつ気になっていることがあった。それはポーキングホーンのクラスには、二人の女性がいることだ。画伯女史とケーテ女史だ。画伯女子は水彩をよくする。特に花の絵はみごとにつきる。もらったハガキの一枚がとても気に入ったので、机の上においているぐらいだ。ケーテ女史の名は、ルターの奥さんに由来する。修道士であったルターは、やはり修道女であったケーテを妻にした。ルターはガラテヤ書のことを「わたしのケーテ」と呼んだらしい。どうでもいいけど。ケーテ女史はさるルター派の教会員だ。ほんらいなら「一年一二回で聖書を読む会」は、ご近所の会なので、よその教会員は入れない。ところがケーテ女史は、あまりにしとやかに気配を消していたので、ぼくはうかつにも彼女がクリスチャンだと気づかなかったのだ。ようやく気づいたころには、ケーテ女史はこのクラスに欠くことのできないメンバーになっていたというわけだ。まあ世界は例外に満ちている。

二人の女史は、男たちがやれ、粒子がどうとか、宇宙の起源がどうとか、と騒がしくしているあいだ、それをニコニコしながら見ている。でもほんとうはたいくつしているんじゃないかなーとぼくは思ったわけだ。ところが、ある日尋ねてみて驚かされた。二人が異口同音に、たいくつだなんてとんでもないない、とても楽しいと言ったのだ。そんなこともあってぼくはご近所中心にクラスを運営することのよさにますます確信を深めることになった。

ぼくは、この町のある社会福祉法人の評議員をしている。評議員というのは理事会のお目つけ役のようなもので、ときどき呼ばれて行って会議に出たりする。ある日、その法人から封書が届いた。そこには新しい児童発達支援センターを建設することになったから、地鎮祭に来てほしいと書いてあった。児童発達支援センターというのは、障害のある未就学の子どものための通所支援の一つだ。つまり入所するのではなく、家から通いながら療育や生活の自立のための支援を受けるのだ。ぼくの町ではそれを、民間に委託することになり、この法人が引き受けることになったわけだ。

招待状を見ながらぼくは考えこんでしまった。なにせこの町は日本でも有数の大きな神社の町だ。町のいちばん高いところにその神社があって、うちの教会はその斜面に立っている。地鎮祭をするとなると、きっとそこから神職が呼ばれているにちがいないのだ。だから、ぼくが出席するということは、神道の儀式に参加するということになってしまうわけだ。

では、参加を断わるか。だけどこの日本でそういう生き方を選ぶなら、ぼくは教会の中に閉じこもって生きることになる。そこでぼくは返信はがきの出席に◯をつけた上で、余白に「私も工事の祝福の祈りをささげることができれば、と思います」と書いた。するとすぐに法人から「ぜひお願いします」と返事があった。ところが、いざそうなるともうひとつの問題が生じたのだ。それは、ぼくの服装だ。

もしぼくが牧師のガウンを着て行ったらどうだろう。それは人々にはとても挑戦的に見えるだろう。だからといってスーツにネクタイで行って、お祈りのときだけガウンをかぶるというのは、なんだかニセモノくさい。そのときぼくは、どこかで見たローマンカラーシャツのことを思い出した。検索してみると普通のシャツをリーズナブルな価格でローマンカラーに改造してくれるハルカさんという人がいたので、事情を話してさっそくお願いした。ぼくのサイズは〇〇クロのXLがぴったりだ。色はネイビー。前々日の配達を受け取れなかったので、実際に袖を通したのは前日だ。

翌朝一〇時。神社から二人の神職が派遣されてきた。神職は全部で三十数人、多い時には六〇人ぐらいいたというから驚きだ。二人は紙吹雪をまいたり、「つみ〜けがれを〜はらいたまえ〜きよめたまえ〜」と言ったりして、なかなか興味深かった。やはり人はどこかで罪と向き合わなければならないのだ。ところがそれが四〇分ぐらい続いたので、厚底を履いている神職以外のぼくたち二八人の足は冷たくなった。そのあと副市長や府会議員のあいさつとかがあった。最後にみんなで梅コブ茶で乾杯すると、神職二人は手際よく祭壇を解体し、軽のバンに積み込んで走り去った。

ぼくは用意したしおりを配って、印刷しておいたアロンの祝福の聖書箇所を読んだ。声がよく通っているのが自分でもわかった。「主があなたを祝福し、あなたを守られますように。

主が御顔をあなたに照らし、あなたを恵まれますように。主が御顔をあなたに向け、あなたに平安を与えられますように」（民数記六・二四～二六、新改訳２０１７）。

ぼくは続いて祈り始めた。しおりに印刷しておいた、だいたいそのとおりだ。

「天地を創られた、そしてイエス・キリストの父なる神さま。この朝、私たちは、新しい児童発達支援センターの着工のためにここに集って参りました。関係する私たちのうちに、この志が与えられ、さまざまな事が整えられて、今日の日を迎えることができたことを、心から感謝します。どうかこの工事を事故なく進めさせてください、また、天候を支え、最善のコンディションで施工させてください。携わる匠《たくみ》たちの手を祝し、その熟練の技を遺憾なく発揮させてください。なによりも、地域の生きづらさを持つ子どもたちを祝福してください。このセンターに、子どもたちの喜びの声を響かせてください。共に困難を乗り越えていく仲間との出会いを起こし、生涯の友を得させてください。子どもたちのご家族にも、語り合い、支え合うよきコミュニティを築かせてください。また、〇〇理事長をはじめとする理事、評議員、職員の方々の心をひとつにして、子どもたちを愛させてください。子どもたちをケアするために、それぞれの役割をよく果たさせてください。また、すべての必要な人材を十分に備えてください。さらに、社会福祉法人〇〇の使命を、このセンター、また、他の施設を通じてまっとうさせてください。そのために近隣の方々との関係をさらに深くよきものとしてください。これらの祈りと感謝を、尊いイエス・キリストの御名によっておささげします」

祈り終えると、何人もの人が「こころにしみた～」と言いにきてくれた。ぼくはとても

主があなたを祝福し
あなたを恵まれますように
児童発達センター完成

うれしかった。

ぼくの趣味は月曜大工だ。ふつうなら日曜大工というところだが、牧師のぼくは月曜日に木工教室に行くのだ。さまざまな道具がそろった隠れ家には、いつもすてきな木の香りが漂っている。とても落ち着くのだ。ここで、ぼくはこれまで、①三人がけベンチチェスト ②二段式ロッカー ③コピー用紙ロッカー ④初代看板ケース ⑤くつ箱 ⑥押入れだな ⑦教会前の黒板 ⑧二代目看板ケースを作ってきた。

実はここを木工教室と呼ぶのは正確とは言えない。じっさいは、ぼくが「こういうものを作りたい」と先生にアイデアを話す。すると先生は設計図を引いて、木材をカットし、道具や木材以外の材料もすべてそろえて、待っていてくれるのだ。

ある日、先生から連絡があった。なんでも息子さんが結婚するので、祝福の祈りをしてほしいというのだ。ぼくは教会の役員たちに、どう思うか聞いてみた。いつもだったら司式を頼まれると、数回の結婚カウンセリングをする。その中で神さまを、人間を、愛を語るのだ。けれども今回はそうではない。本人たちに会うのは、式の始まる一五分前なのだ。けれども役員たちは、ぼくを励ました。「出て行ったら、神さまがきっとなにかしてくださいます」と。

大工の先生との打ち合わせのとき、早くもその「なにか」が始まった。先生の言う「祝福の祈り」というイメージかよくわからなかったので、ぼくはフルスコープの式次第を用意しておいた。その中からなにを残してなにを省くかを選んでもらったのだ。

先生はそのプログラムに○と×をつけはじめ。こんな感じだ。

・・・・・・・・・新婦入場・・・・・・・・・

×賛美「いつくしみ深き」

○祈祷

○式辞

○勧告　エペソ人への手紙　五章二二節～三一節

○誓約

○指輪交換

○宣言

×誓約書署名

×賛美「妹背を契る」

○聖書　創世記　二章二四節～二五節

○説教　「ふたりは一体となる」　司式者

○祈祷

×頌栄
○祝祷
・・・・・・・・・・・・新郎・新婦退場・・・・・・・・・

ぼくは驚いた。先生は会場の制約でやむをえないもの以外のすべてに○をつけたのだ。教会にほとんど行ったことのない先生が、聖書が読まれ、説教が語られる結婚式を望んだ。これは不思議なことだ。こういうわけで先生が最初に言った「祝福の祈り」は本格的な結婚式になった。

その日がやってきた。主日の礼拝のあと、ぼくは電車に乗った。シャツは例のローマン・カラーだ。ただ前回のネイビーは結婚式にはちょっとそぐわない気がしたので、ハルカさんにたのんで、イオンのロイヤル・ブルーのシャツを改造してもらった。新郎・新婦の気持ちを考えると、牧師もインスタ映えも考える必要があるというものだ。

結婚式はげんしゅく、かつ、わきあいあいと進行した。ふたりが「命果てるまで」と誓約し、ぼくが「父と子と聖霊の御名によって、このふたりが夫婦であることを宣言します。神が結び合わせてくださったものを、人は離してはならない。アーメン」と宣言すると、まるで空気が喜びに振動しているような気がした。しばらくその振動を味わってから、ぼくは聖書を開いて読んだ。「それゆえ、男は父と母を離れ、その妻と結ばれ、ふたりは一体となるのである。そのとき、人とその妻はふたりとも裸であったが、恥ずかしいとは思わなかった」（創世記二・二四〜二五）。そして、ゆっくりみんなの顔を見わたしてから語り始めた。

「〇〇さん、〇〇さん、ほんとうにおめでとうございます。ご両家のみなさんにも心からお祝いを申し上げます」と言ったあと、ぼくがなぜここにいるかを短く説明した。つまり、ぼくは牧師の月曜大工で、いや、月曜大工の牧師で、うんぬん。


続いてぼくは、なぜこの結婚がめでたいのかを話した。「おめでとう。それは、神さまがふたりを結び合わせてくださったからです。ふたりはクリスチャンではないけれど、神さまはふたりを力の限り祝福してここまで導いてくださいました。このことは、今はわからなくてもいいです。そのうちわかります」と。それから、おそらくは生まれて初めてキリスト教会の説教を聴く人びとが、たいくつで死んでしまうことがないように注意しながら、短く三つのことを語り始めた。

「第一に、聖書には父と母を離れ……一体に、とあります。ですから、今日からはふたりがバディ（相棒）です。このバディで、自分たちと周りの人びとの幸せを築いていきます。親と配偶者のどちらがバディなのかを迷ってはなりません」。ぼくは抜け目なく、これが親不孝を意味するのではないことも付け加えておいた。もちろんだ。

「第二に、ご家族やここにいるみなさんに。それにもかかわらず、若いふたりは(若くなくても)いろいろと失敗したり、行き詰ったりします。だからみなさんは、ふたりを見守ってほしい。できるだけ手を出さずに、ハラハラ・ドキドキしながら見守るんです」。まだ喜びに振動している空気の中で、みんなにこにこしながら、うんうんとうなずいた。

「最後に、ぼくはこの結婚式を司式したので、神さまに責任があります。それで、ぼくも見守りチームに加えてほしいんです。ふたりは、また、みなさんに相談があったら、どうぞ連絡してほしい。ふたりとはときどき食事でもしましょう。車検のようなものです」。

語り終えると、木工教室の先生が「感じるところがありました」と言ってくれた。そのときぼくはとんでもないミスに気づいた。打ち合わせでは結婚式の中で、くちづけをすることになっていたのに、ぼくがとばしたのだ。こうして最大のインスタ映えは永久に失われてしまった。汗をかきながら謝るぼくを、みんなは笑ってゆるしてくれた。あぁ……。

コロナに負けるな！ノ巻

その日もぼくたちは、ポーキングホーンを読んでいた。ぼくとカーさん、テキサス氏、ケーテ女史、画伯女史、火山先生だ。すると第二章にはっとするような引用が出てきた。ぼくの知らないディラックという人だ。彼は「実験事実に適合するかどうかより、その方程式が美しいかどうかがの方が重要だ」と言ったのだ。これはぼくたちの意表をついた。正確さを旨とする科学に美しさなんていうやわな言葉を使うのは奇妙だからだ。しかし少し考えてみれば、量子力学の創始者の一人であるらしいディラックの意図は明白だ。世界には秩序があるのだ。美しい秩序が。それを信じて探す者は美しい秩序を発見し、信じない者は何も得ないのだ。

うなっているぼくたちにとどめをさしたのはアインシュタインだ。ぼくはアインシュタインがベロを出したことと、「$E = MC^2$」と書いたことしか知らないが、彼の「この世界で最も理解しがたいことは、この世界を我々が理解できるということである」は、ぼくたちの心をわしづかみにした。この世界が美しい秩序を持っているとしても、その美しさに気づいて感動する我々がいなければ、むなしい。なぜぼくたちは世界の秩序の美しさに気づく頭脳を持っているのだろう。
聖書は「人が神のかたちに似せてつくられた」からだと言う。もちろん証明することはできない。そもそもトマス・アクィナスをしても、神の存在は証明できなかった。それがどうしたと言うのだ。ぼくがどれだけ、「ぼくには和子さんという妻がいる」と主張しても信じないことは可能なのだから。神さまを知ることは結婚に似ている。いっしょに生きるほどに相手がわかるのだ。けれども、そんなポーキングホーンな日々は突然終わった。コロナがやってきたのだ。

いろいろなことが目まぐるしくなった。感染を防ぐために密閉・密集・密接を避けるようにという「三密」をみんなが口にするようになった。マスクやアルコール除菌液が町から姿を消した。ぼくも何度かドラッグストアを回ってみたが、だめだった。ぼくたちの教会では役員に加えて、養護教諭や看護師を加えた対策会議をもったりした。高齢者も多い。感染しない、感染させないためにはどうしたらよいだろうか、と頭を悩ませながら、できるだけ礼拝を続けるために次々と手が打たれた。会衆とぼくの間に透明のビニールシートを垂らすというのもあった。感染者数が増加していくにしたがって、ぼくたちの緊張は日ましに高まっていった。毎日のように役員たちと話し合いながら、ぼくが強調したのは一致だ。病よりも共同体をおびやかすものがある。それは、不安と不安からくるたがいへの不信や分裂だ。日本赤十字社のホームページはうまいことを言っている。新型コロナウイルスには「三つの感染症」があるというのだ。第一の感染症はいうまでもなく病気そのものだ。第二の感染症は不安と恐れ。これがぼくたちの「気づく力」「聴く力」「自分を支える力」を弱め、瞬く間に人から人へと伝染していく。そして第三の感染症が、嫌悪・偏見・差別だ。不安や恐れは人間の生き延びようとする本能を刺激する。そして、ウイルス感染にかかわる人や対象を日常生活から遠ざけたり、差別するなど、人と人との信頼関係や社会のつながりが壊されてしまうのだ。では第二と第三の感染症を防ぐためにはどうすればよいのか。ぼくはそのためにはふだんしていることをし続けるようにと語り続けた。すなわち、ぼくたちが神さまの胸に抱きしめられていること。そして神さまから仲間が与えられていることだ。

ぼくたちのまわりの状況はいよいよ急を告げるようになった。いつまで、礼拝を続けることができるか。ぎりぎりの判断が迫られた。家族から、礼拝に行かないようにと止められる人も出始めた。ぼくたちは、マスクを配り、会堂を除菌し、イスとイスを離し、寒いぐらいに換気した。すでに水曜日の祈祷会は見合わせていたが、主日の礼拝だけはなんとしても守りたかったのだ。けれども、ついにその日が来た。ぼくたちの町にも感染した人が出たのだ。万一、ぼくたちの教会がクラスターになったら、この町の人びとにたいへんな迷惑をかけてしまうことになる。ぼくたちは苦渋の決断をした。教会に集うことを見合わせ、ぼくと妻だけのYouTubeライブ礼拝を配信することにしたのだ。ライブ開始は、決定から一週間後。することは山ほどある。まず、だれとだれがYouTubeライブ礼拝にネットで参加することができるのか。ネットでは参加できない人の中でCDで説教を聴くことができるのはだれか。ライブもCDも使えない人をどうするのか。週報や説教要約版をどのようにして届けるのか、など。ほんとうなら、ここにYouTubeライブ配信の技術的な問題が加わるのだが、その点はとても詳しい友だちが解決してくれた。ところが、そこへ一年半前から大腸ガンを患っている父が弱っているという知らせが飛び込んできた。ぼくは、教会の役員たちに後のことをゆだねて、ふるさとの町へと向かった。道中、上沼昌雄先輩から聞いたニューヨーク州のクオモ知事の言葉が頭の中で響いていた。

ニューヨークのクオモ知事は三月二六日の会見で「このような困難なときは、人の品格が現れ出てくるときであり、さらに自分たちの品性を養うときである」と言った。この言葉はぼくたちの教会で、すぐに証明されることになった。牧師不在の教会では、三人の役員たちが獅子奮迅の働きをした。手分けして、教会員ひとりひとりにアンケートを行ったのだ。こういう感じだ。

1．YouTubeライブ礼拝を日曜日の午前一〇：一五から配信しますが、あなたはどうされますか。

（ア）見ることができるので見て参加する。

(イ) 見て参加したいが見ることができないので、見て参加できるようにパソコンまたはスマホの設定を手伝ってほしい。
(ウ) 見ない。
2．事前に週報と要約を配布することを考えていますが、どのような方法がいいですか。
(ア) メールで送信してほしい。
(イ) ポストに投函してほしい。
(ウ) 週報ボックスに入れておいてほしい（自分で教会に取りに行く）
(エ) いらない。
3．事後に説教のCDを配布することを考えていますが、どのような方法がいいですか。
(ア) ポストに投函してほしい。
(イ) 郵送してほしい（二～三日後になります）
(ウ) 週報ボックスに入れておいてほしい（自分で教会に取りに行く）
(エ) いらない。

ぼくはとても頼もしかった。そして、これまでぼくがこの人びとの働きをじゃましていたのかもしれないと思った。

最初のYouTubeライブ礼拝は、くしくもイースターだった。その二日前、ぼくが父のもとから教会にもどると、教会員に配布する文書がすでに用意されていた。かなりの長文を縮めると、こういう感じだ。

「……役員会で、日々刻々と状況が変化するコロナの危機感を踏まえ、次のような問題点を話し合いました。

（一）この町でもコロナの感染者が発生した。

（二）コロナの感染経路がまだわからない。

……

（五）三密がないように徹底しても、会堂に一〇人以上が集まればリスクは抑えられない。

（六）感染が拡大しているこのような時期に教会で集会を続けることは、クリスチャンでない近隣の方々や教会員の家族の方々に不安を与え、伝道の妨げになるおそれがある。

（七）教会の関係者に感染者が出た場合、教会内感染であると否とを問わず、教会がクラスターとなったとの指弾を人々から受けるおそれがある。

結論として、当面、教会堂で集まっての礼拝、祈祷会、各種集会は、行わないことに決定しました。ついては、YouTubeライブ礼拝を配信します。ライブ配信の環境が整ってない方には、ご希望により、事前に週報、説教要旨を、礼拝後にCDを提供いたします。……教会員の皆様が、今こそ一つとなって『それぞれ場を聖所』として家庭礼拝をお捧げしていただきたいと願っております。……また、教会での牧師との個人的な面談や牧師の家庭訪問などはじゅうぶんに活用なさってください。ただし現在、牧師の父が末期のガンのため、牧師の在否をあらかじめご確認ください」

なんとも行き届いているではないか。こうして、ぼくたちの最初のYouTubeライブ礼拝が始まった。

おりしもその日、ローマ教皇フランシスコは異例のライブ配信でバチカンから復活祭のメッセージを語った。じっさい、コロナが始まってからの教皇は、すばらしいメッセージを連発した。このときも教皇は、パンデミックの脅威にあえぐ世界を夜にたとえたが、その夜に「わたしの希望、キリストは復活されました！」という教会の声が響いている、と語った。しかも「それはすぐに問題を消し去るような、魔法の言葉ではありません。キリストの復活は、そのようキリストの復活は、そのようなものではありません。それは、悪の根源に対する愛の勝利、苦しみや死を『飛び越える』ことなく、深淵の中に道を開き、悪を善に変えながら、それを通過するものです。神の力だけがそれをなしうるのです」と！　ああ、なんという福音！　そして、圧巻だったのは、十字架の主イエスにふれたくだりだ。

「復活の主は、十字架につけられた方です。その栄光ある体は消し難い傷を持っています。その傷は希望を通す場所となりました。復活の主に眼差しを上げましょう。苦しむ人類の傷を癒してくださるようにと」。福音のど真ん中を、よくもこれほど鮮やかに語ったものだ。ぼくは、言いたい。カトリックを知らないで批判する人がいるが、それは愚かで失礼なことだ。自分たちから見て、不思議なスタイルをまとっていたとしても、その奥にある本質を見て欲しいと思う。それには焚き火を囲むようなのびやかな対話が欠かせないのだ。

その二日後の夜明け前、ぼくの父が召された。

父は五〇代で信仰を持ち、とくに熱心というわけではないが、たんたんと礼拝者として生きた。一昨年に大腸がんが見つかったのだが、もうステージ四で積極的な治療はできなかった。さいわい痛みがほとんど出なかったので、最後まで自宅で過ごした。自宅から徒歩五分のホスピスに入ったのは受難日のことだった。そのときも父は自分で、家族全員を看護チームに紹介した。また、数日前に足をけがした母に、その治療費を保険会社に請求するようにアドバイスをしたりもしていた。つまりはそういう父なのだ。

召されたのは火曜日の未明。午前一時には安らかに眠っていたが、午前三時に見ると、眠ったまま息を引き取っていたという。八八年の地上の生涯だった。コロナ禍の中、クラスターとなることがないように、ぼくたち家族はもっとも小さな葬儀を行うことにした。前夜式はせず、両親の通う教会の牧師夫妻と母とぼくと和子さん、そして姉夫婦だけが出席した。だれかが召されたときはいつも思うのだが、そのときに親しい者たちの中でも何かが死ぬのだ。もちろん癒しや慰めはあるのだが、だれかが死ぬなら、世界は再び元には戻らないのだ。

教会にもどったぼくと役員たちは、どんどんYouTubeライブ礼拝を進化させた。主には賛美の分野で。メロディーを外すぼくのために、教会の人がヒム・プレイヤーを貸してくださり、ぼくと和子さんのちょうどいい立ち位置なども定まってきた。ある人は、「これがほぼうちのYouTubeライブ礼拝の完成形だと思う」と感想をもらした。ところが、そこへ次なる悩みが起こったのだ。

誰かが死ぬなら‥
R.I.P
世界は再び
もとにはもどらないのだ

般若心経ノ巻

困ったのはご近所との聖書を読む会だ。その時点で四つのクラスが並行して行われていた。第一土曜日は、般若心経を読む会。第二土曜日は、ぼくの説教集「アブラハムと神さまと星空と」を読む会。第三土曜日は、ぼくが書いた『聖書はさらに物語る　一年一二回で聖書を読む本』を読む会。第四土曜日は、ポーキングホーンの『科学者は神を信じられるか　クォーク、カオスとキリスト教のはざまで』を読む会。

ところが、教会で集まることができなくなって、そのすべてが中止となってしまったのだ。そのころぼくのまわりではZoomというネット会議がはやり始めた。いろいろな会議でぼくはかなりZoomになじんでいた。関西聖書神学校の教会史も帰省している学生たちにZoomで授業するようになった。教会の木曜夜の祈祷会もZoom。Zoomはパソコンかスマホがあれば、じつに簡単にできてしまう。一時はセキュリティに問題があるとされていたが、すぐにつぎつぎと改良がほどこされた。

そこで、ぼくはご近所たちにぼくからZoomを習うつもりはないか、訊き始めた。ただ、そのクラス全員の足並みがそろうというのは難しい。結果として、唯一「般若心経を読む会」

だけがZoomで継続されることになった。その理由は、参加者がゲンさんひとりだったことによる。ゲンさんは、読む会参加者のなかでは若いほうで、スマホも持っていた。ぼくと数分練習するだけで、すぐにZoom使いになったのだった。

　そもそも教会で般若心経を読むことになったのは、ゲンさんのお父さんが召されたことがきっかけだ。それまでゲンさんは第二土曜のクラスで、三年ほど聖書を読んできた。ところがお父さんの遺品を整理していたときに赤い表紙の般若心経の本を見つけて、読み始めた。これだ。これは中村元さんというぼくでも聞いたことがあるきちんとした学者が監修した本だから信頼できる。しかもあの女性セブンに連載されたものなので、とても読みやすい。

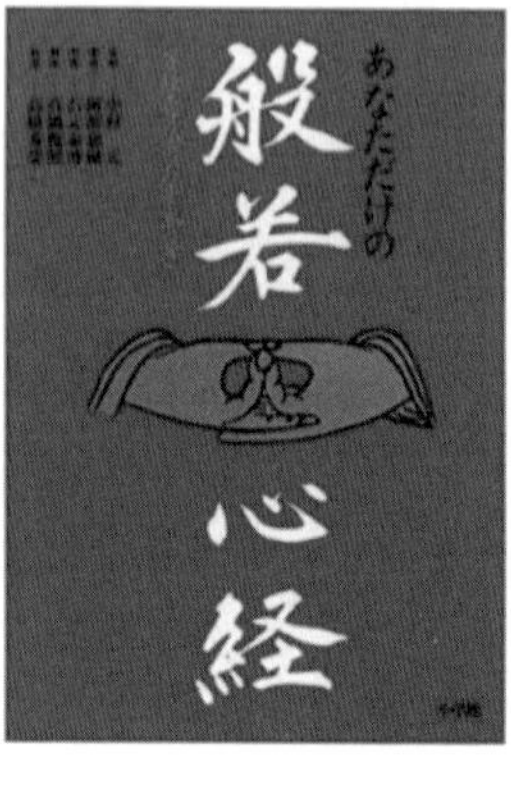

　そんなことをゲンさんから聞いて、ぼくは「ではその本を使って、ぼくに般若心経を教えてほしい」とそくざに頼んだのだった。判断は一瞬だったが、そこにはいろいろな動機が含まれていたと思う。

①聖書をいっしょに読んできたゲンさんの心が般若心経に移ってしまったようでさびしかった。

②友だちのゲンさんの心にあるものを知りたかった。

③クリスチャンの友だちからも般若心経はいい、と聞いていたので、一度読んでみたいと思っていた。

④日本での宣教の課題と切り口みたいなものがつかみたかった。

そんなわけで、『あなただけの般若心経』読書会、またの名を「一年一二回で聖書を読む会（日本の宗教）」が始まった。教会のハナさんがお世話役として参加してくれることになった。それが数回続いたあと、コロナがやってきて、Zoom化されることになった、というわけだ。

ぼくはこのZoomというものがすっかり気に入ってしまった。なにせコロナの心配なく人びとと語り合えるのだ。それも、一人ひとりの顔がはっきり見える。出かけていく必要もないので、日本中の人びとと、いや時差さえうまくいけば世界中の人びとと語り合えるのだ。

そこでぼくは、次々といろいろなことをZoom化しはじめた。教会では、木曜夜の「聖書の学びと祈り会」と「役員会」と「CS教師会」。教区では牧師会。最初はコロナの中で、情報交換や励まし合いのために毎週やっていたのだが、そのうち話すことがなくなってきたので、隔週になった。それからけっさくだったのは、牧師夫人交わり会。ぼくは牧師夫人ではない。あたりまえだ。けれどもお世話係なので、みんなにそれぞれの町でいちばんのケーキを買ってきてもらい、画面で見せ合いながら食べるという提案をしてみた。これはうけた。

なかでも神学校の授業は圧巻だった。ぼくは教会史を教えているのだが、この科目は実にはばひろいのでひとりの人間がカバーすることは不可能なのだ。そこでぼくは、ゲストを招くことにした。東方教会の回ならロシア正教のゲオルギイこと松島雄一司祭。改革派なら親友の古川和男先輩。バプテストならぼくがこれまでに会ったなかで、三番目に頭がいい徳田信先輩というように。神学生たちも大喜び。これまででいちばん実り豊かな学期になったことは言うまでもない。そうこうしているうちに、ぼくの中であるアイデアがかたちをなし始めたのだった。

やがてぼくは、「焚き火塾」というものを始めることにした。ぼくはご近所をどんどん洗礼に導くってほうではない。ビジョンを立てて、教会の人びとをしっかりとリードするというのでもない。ぼくが役に立ちそうなのは、だれかが福音のいのちに解き放たれそうなのに、何かがつっかかえているときだ。そのつっかかえが神学的なものだったりするときに、そこに、ちょいとアシストする。すると人びとがブレイクスルーを経験する。そんなことが好きなのだ。そこで「焚き火塾」だ。ぼくの『アブラハムと神さまと星空と』の解説者である勝俣慶信氏に副代表を（現在は久保光彦氏）、仙台の阿部俊紀氏に会計をお願いした。顧問にはバプテストの栗田義裕、聖契の村田俊一、アメリカの上沼昌雄の三氏が名を連ねてくれた。「焚き火塾」でやることは、まずはぼくが訳した『神の物語』の読書会だ。ずいぶんやさしく訳したとはいえ、神学書だ。こういう本を読みつけない人もいて、これまでにもヘルプを求める声があったのだ。第二は「聖書を読む会リーダーズ・セミナー」だ。ぼくの書いた『聖書は物語る』と『聖書はさらに物語る』は、かくれたベストセラーと言われていて、それぞれ七版と四版を重ね、電子書籍化もされている。これを用いて「聖書を読む会」を開いている七〇ほどの教会と数校のミッション系の学校があるのだが、どういうふうに進めたらいいか教えてというリクエストがわりとあるのだ。こうして始まった「焚き火塾」は好調な滑り出しをみせた。三〇人ほどの人びとが塾生になってくれた。自由になんでも語り合える雰囲気ができてきて、若い人びともけっこう参加するようになった。

ネットをめぐって問題となるのは、ダブル・チャーチだ。これはローカル・チャーチ、たとえば明野キリスト教会の教会員が、ネットやリアルで他の教会の集会に参加したりするようになることだ。もっともこの現象自体は、コロナ以前からあった。さらなるなにかを求める思いを抱くのは自然なことで、そうでなければ成長などない。困るのはそれが、ローカル・チャーチやそこの牧師に対する攻撃や分裂につながる危険性を秘めていることだ。

この危険性を回避するためには、透明性が欠かせない。「焚き火塾」に参加しようとする人が牧師であっても、若い伝道師などの場合は主管牧師や所属教団の了解は必要だ。信徒の場合は、ほんとうに特別な事情がある場合を除いてローカル・チャーチの牧師の了解を得るべきだと思う。神学生の場合は、母教会と神学校の両方だろう。

ぼくの意図はネットで明野キリスト教会の隠れメンバーを増やすことにはない。そうではなくて、ローカル・チャーチを建て上げるための支援をしたいのだ。すべての牧師がすべてのたまものをひとしく持っているわけではない。それはたがいに覆い合い、補い合うためだ。

ぼくの場合は、なにかつっかえている人が神学的にブレイク・スルーする手助けがたまものだと思う。ぼくに足りないことは、他の牧師たちに助けを求める。牧師たちはライバルではない。たがいにフォローし合って、キリストのからだを建て上げていく仲間なのだ。

ぼくの東洋思想に関する知識は、ほとんど小畑進先生に負っている。当時小畑先生は四国におられたのだが、ぼくがいた山の上神学校（仮名）に教えに来てくれていたのだ。ぼくは先生が大好きだった。意見は合わないこともあった。いちばん合わなかったのは聖餐論。その話はまた今度にするが、それでも先生のあたたかさが大好きだったのだ。ある夏など、先生が入院したと聞いたぼくと同級生のケンちゃんは、四国までお見舞いに行った。突然おじゃましたのだけれど、奥さまがお昼をごちそうしてくださったことなど、なつかしくてたまらない。

二〇〇九年に召された小畑先生から教わったことで、もっとも記憶に残っているのは、孔子だ。釈迦、ソクラテス、孔子にキリストを加えて四聖人と呼ぶそうだ。人となった神であるキリストを聖人というのはまったくの誤りだが。それはさておき、『論語』を読むとしばしば「天」という言葉が出てくる。たとえば「五十而知天命」（五十にして天命を知る）などだ。この天とはだれか？小畑先生によれば、孔子は「だれか？」とは問わない。孔子が問うならそれは「なにか？」だ。つまり孔子には天はつかみがたいものだ。世界には人間や自然を超えたなにかがいる。そのなにかには意思があって、その意思に沿って生きることが世界に幸福をもたらす。小畑先生は孔子や仏教を否定することはなかった。ただ、先生とそれらを読むほどに、イエス抜きで真実を探し続ける人びとがいたいたしく感じられた。

ぼくがゲンさんと般若心経を読むことにしたのは、この体験があったからだ。ぼくのたいせつなご近所であるゲンさんが般若心経をいっしょうけんめいに勉強しているのは、真実や救いを探し求めているからだ。それを頭から否定するのではなく、いっしょになってゲンさんの発見を確認していく。そうやってその人の努力の山頂に達して、これ以上進めなくなったときに、いっしょに上を見上げてみたいと思うのだ。その時、祈りが生まれるはずだから。

そうこうしているうちに、ぼくはたましいをゆさぶられる声を聴くことになった。これだ＝下＝。次章、石川ヨナノ巻。Youtubeでヨナを聴き、こころ震わせて待て。

ZOOMは
おもしろい
おすすめの
ケーキです
こんなことも
できる
外国の人とも
話せる
Hi!
でも‥
やっぱり会いた～い！

石川ヨナノ巻

はじまりは平太（仮名）だった。平太という人はぼくの愛読者だ。あるとき新婚の奥さんと訪ねてきたので、和子さんとイタリアンをご馳走してあげた。念のために言っておくと、愛読者だからといってみんなにイタリアンをごちそうするわけではない。当たり前だ。それはうちの近くの豆腐割烹でも、絶品台湾料理のパイノッソ（主の祈り）でも同じことだ。とにかく平太夫妻と意気投合したぼくたちは大いに語り合い、大いに食べた。だからイタリアンに行くと太るのだ。

その平太がくれたのが石川ヨナのセカンドミニアルバム『流れ星』だ。なかでも「流れ星」を聴いたとき、ぼくのたましいの中で眠っていたナイチンゲールがいっせいにさえずりはじめた。みんなにはよくわからないと思うが、ぼくは音楽に喜びを感じることができないふこうな人間だ。音そのものが苦手なところがある。よく自動車の中でBGMをかけながら話す人がいるが、ぼくの耳ではBGMと話し声がまじって頭がいたくなるのだ。

ところが「流れ星」は悦楽だった。ブルージーなロックンロールと「ながれぇぇぼしぃひとつぅうぅぅぅーねがぅぅならぁぁあ」というこぶしの回ったサビがすとーんとたましいにはいった。歌詞がいい。ただただただただただいい。きっとぼくにはふつうの賛美歌って予定調和すぎるのだろう。神さまはたしかに美しい。でもその美しさはぼくたちへのあわれみの涙と、だからぼくたちをほうっておけなくて流された十字架の血と、ぼくたちを探し歩いてこびりついた土ぼこりにいろどられた美しさだ。言ってみればギザギザなんだ。神さまはギザギザだ。罪と死の力に対する怒りにおいても、ギザギザな激しい憤りをほとばしらせるお方だ。神さまはロックなお方なのだ。ところがそのときぼくは思い出した。クリスチャンの中にはロックンロールがよくない音楽だと思っているひとがいることを。でもそれをいうならぼくの母はどうだ。母はロックンロール好きとは思えない。クラシックばかり聴く。LGBTにだって理解があるほうとは言えないだろう。でも、コロナの前に『ボヘミアン・ラプソディ』をいっしょに見に行った。フレディ・マーキュリーの映画だ。母は楽しそうで、帰り道なんとなくガニ股になっていたのを息子は見のがさなかった。つまりロックンロールは……とか、LGBTピープルは……という言い方は、思考停止によるレッテル貼りなのだ。最大の問題はそこにあるよきもの、自分にはまだ見えていないよきものを見逃してしまうこと。それは神さまを見逃してしまうことだ。

ヨナはロックンロールで金髪あたまだ。ヨナだってクリスチャンの世界で金髪あたまが有利に働くはずがないことなどよくわかっているはずだ。てか、ヨナはめちゃくちゃ頭がいい。あの金髪あたまはずっしりつまっているのだ。にもかかわらず、なぜあえて金髪あたまなのか。奇をてらっているわけはない。目立って有名になろうというのもちがうだろう。そうではなくてそこにはみんなと同じであることによって身を守ろうとする恐れ、神なき恐れに対する抗議がある、とぼくはにらんでいる。なぜならそんな恐れがぼくたちを区別・偏見・分断のさんだんとびに陥れるからだ。コロナにあきらかなとおり。

ただあまり勝手なことばかり言ってもいけないので、ぼくのにらんだとおりか、ヨナに聴いてみた。するとヨナはこう語った。「頭が金髪なのは、神様は私が与えられた自分をどのようにデザインして表現を生み出すのか、愛情いっぱいに楽しみにしてくださいます。それは音楽のみではなく、ビジュアルデザインやステージパフォーマンス、生き様も含めた、全人格存在の、主を見上げた真摯な表現活動（礼拝）です。私はロックンロールを司る者として召され成長させられていて、その過程で金髪や赤髪になったりしますが、基本的にはすべてのキリスト者の方々と同じ原理です。ローマ一二：一～八にあるとおり」と。そしていたずらっぽくつけくわえたのだった。「クリスチャンの世界に対しては……相手の目線や態度、価値観を見る効果もあり、そのことも楽しんでいます」。ぼくはぎゃふんとなったのだった。

十九世紀に大きな働きをした二人組がいる。アメリカのアイラ・D・サンキー（一八四〇～一九〇八年）とドワイト・ライマン・ムーディー（一八三七～一八九九年）だ。いまは、あえて逆に書いたが通常はムーディーとサンキーと呼ばれている。ムーディーが説教し、サンキーが賛美をした。サンキーが特に得意としたのは「九九匹のひつじ」という歌。ルカ一五章四節に由来するこの賛美歌は、聖歌四二九（新聖歌二一七）で日本でも知られているが、実はこの立派なひげのメソジスト信徒の作曲だ。このコンビが行くところ多くの人びとがなだれを打って回心したという。ヨナに会ったときふとぼくはこのコンビのことを思いだしたのだった。

音楽には力があるのだ。いや、神さまは人の心を開くためにありとあらゆる手段を用いられる。いわば難攻不落の砦にどこか浸透できる隙間はないかと探すように。そしてしばしば音楽によって人のたましいをゆさぶり、その揺さぶりによって堅いガードにできる隙間ならたましいに入り込まれるのだ。ヨナに会って（Zoom上だけれど）、ぼくが思ったのはそんなことだ。

このこぶしといっしょに世界を回りたいと思った。神さまに対して堅く堅くガードを堅めたアルマジロのような世界。ぼくが語ろうとすると、「だいじょうぶです」（すなわち余計なお世話をやくな）と耳をとじる。チラシや本を手渡そうとすると、「けっこうです」（すなわちだまされるもんか）と目を閉じる。そんなたましいにヨナの心地よい低音がよりそい、ギザギザな歌詞が聴き耳を立てさせ、捨て身のアクロバティックな旋律がツルツルの鎧に爪を立てて振りむかせる。そこにぼくの語りうる限りの福音を語りたいのだ。声が枯れるまで。言葉を使い尽くすまで。もう涙がでなくなるまで。主イエスの愛を、そのあわれみを。それがあんたのためだと。あんたのためになにも惜しまなかった方がいる。あんたは、あんたは、自分なんてなんの価値もないと思っているが、それがあの方のこころをひきさくのだと、それがあの方のこころに血をながさせるのだと。その名は、その名は、ジィィィィィィィィィィザァァァァァァーーーーース！！！　ついロックになっちまった。ところがヨナはぼくのそんな思いに尖ったロックなブーツで蹴りを入れたのだった。

ヨナはあなたとは働けないと言った。ぼくは、この生意気な小娘め、などとはまったく思わなかった。考えてみたらすぐわかる。あなたの教会の伝道委員会で、だれかがこんど伝道のために、音楽コンサートをやろうと言い出して、人選が始まる。最終的にクリスチャンですばらしい音楽家とクリスチャンでなくてさらにもう少しだけすばらしい音楽家が残った。さあ、結論はどうなるか。だいたいは前者が選ばれるのではないだろうか。

あるいは教会の集会に音楽家が招かれていく。祈り、整え、いまメロディはあふれ出そうとしている。ところが最初に出てきた証し者が語り過ぎた。それもよく整理もされていない思いつきの内容で、自分に酔ったような言葉が時間を呑み込んでいく。予定された時間を超えて。すると司会者がやってきて音楽家にささやく。後の説教者の始まりの時間はずらせない。あなたが吸収してくれと。こんな出来事が、起こるのはムーディー＞（大なり）サンキー・シンドロームがあるからだ。音楽は教会では客寄せパンダのような扱いを受けるからだ。でもおいらはちがう。おいらはロックな牧師だ。あんたの歌がおいらのことばを引き出し、おいらのことばがあんたのメロディに重なっていく。そうやってだれも見たことがない景色を見たいんだ、あんたと、二人で。そんな意味のことを、もう少しふつうの言葉で言ったとき、ヨナはこういったのだ。

「考えたことを書きます。私は音楽家です。ですので、『二人で組んで伝道集会をやりましょう』というのは誤った姿勢だと思います。私は音楽を創り、鳴らすことに召されています。地上でその事に命をかけて取り組んでいます。主にこの領域を託されているからです」。

ヨナはたんたんと続ける。怒っているのでもなく、絶望しているのでもなく、ただまっすぐにぼくを見つめて。「音楽は『伝道の道具』ではないし、『福音の器』という表現も正確には当てはまらない、ということを多くの方々に伝える必要があることを、改めて強く感じています。キリスト教界に、間違った理解が根深く浸透しています。多くのクリスチャンミュージシャンがその呪縛から解かれない限り、本当の成長、神に栄光を帰する音楽は演奏できません。多くのクリスチャンミュージシャンが、その呪縛と圧迫に苦しんでいる事も、知って欲しいです。音楽は本来的に『福音を伝えるため』に存在しているのではない（二次的にそのような効果があるとしても）。同時に、自己顕示欲や自己満足、自己実現など、エゴを満たすためでもない。このことをキリスト教界にどれだけ周知できるかということも自分の使命だと、改めて感じています」。

だから言っただろう。あの金髪頭はぎっしり詰まっているって。ぼくは自分を恥じた。それで言った。「率直におっしゃってくださり、ありがとうございます。ぼくが先走ってごめんなさい」と。みんな、ぼくがあきらめたと思っただろうが、そんなわけはないだろう。なぜならヨナがどう思ってるかは知らないが、ぼくの見る限りぼくとヨナの福音に関するシンクロ率は碇シンジとエヴァ初号機に、近いものがあるからだ。

若干落ち込み気味のぼくにヨナはこう言った。「大頭先生、こちらこそ真っ直ぐに向き合ってくださり感謝です。ありがとうございます。怒って、そっぽを向かれてしまうかもしれないと思って怖かったですが、勇気を出してお話をして良かったです(笑)。もしも、雑誌の中などで、この点についてお話をさせていただける機会があったら幸いです。私自身が長年そうだったように、きっと苦しんでいるクリスチャンアーティストは、他にもたくさんいると思うのです……」。

雑誌！　これにぼくは飛びついた。そもそもヨナの日本語の力は尋常ではない。『スタート・アゲイン』(いのちのことば社)という小説が出版されている。それを手がけたのが、なんと某誌でぼくが連載中の「焚き火相談室」を担当しているすなっちなのだ。すなっちに相談したところ、ふたつ返事で賛成してくれた。てか、すなっちはぼくより深くヨナっちを理解していたのだ。こう言った。「音楽テーマについての意図は了解しました。曲も歌詞の深みも、未信者の方が聞いても、聞きたくなってしまうレベルが大切ということですね。バッハの楽曲や、メサイヤなどは、ストレートな宗教音楽なのに、日本人未信者が愛する曲になっていますし。アメリカのゴスペルや、キリスト教系ポップスも。日本の未信者の人たちの心に入っていけるクリスチャン文化としては、かつては、遠藤周作、三浦綾子などがいましたね」と。

じつはぼくは原稿を落としたことがない。というかじゅうぶん余裕をもって出稿する主義だ。相談室へのヨナの出稿も早かった。ぼくとおなじぐらい。ヨナがどう思っているかはわからないが、ぼくはヨナと仕事をするのが楽しい。打てば響くのだ。ヨナの回の相談室は二〇二〇年一一月号に掲載された。

石川ヨナの歌でどれが好きかと聞かれれば、まずは「流れ星」だ。ただ、「井戸を掘れ」の巻き舌酔いどれ口調も捨てがたい。「産業廃棄物」だってこころにしみる。

というわけで、ぼくはあちこちにヨナを誘って出かけるようになった。と言っても、ぼくはまだヨナと会ったことがない。ぼくは京都から、ヨナは神戸から、それぞれZoomなのだ。Zoomで見るヨナの家は、なんだかスタジオ風でとても感じがいい。かなり音質もいいので安心できる。いろいろ機材のセッティングに工夫しているようだ。だから言っただろう。ヨナの金髪頭はぎっしり詰まっていると。

こうしてぼくたちはいろんなところに行った。焚き火塾、凸凹神学会、コロナを神学する会、日本イエス・キリスト教団有志合同礼拝、那覇平安教会特別集会、大阪クリスチャンカレッジなど。一二月には和歌山の教会のクリスマスにも。ぼくたちはリハや打ち合わせはしない。ぶっつけだ。そのほうがロックだからだ。だいたいぼくがなんとなく語り始めて、いきなりヨナに質問したりする。すると、それにヨナが実に的確に答える。これには毎回びっくりさせられる。それでぼくがなにか歌ってとリクエストすると、ヨナがその場で選んだ曲を歌う。たいてい「流れ星」が入るが、そうでないこともある。そして最後にクラウドファンディングの話なんかをして終わるのだ。

あなたの教会でもヨナの歌を聴いてみたくなってきただろか。だったらオフィシャルサイト（https://ishikawayona.bitfan.id/）から依頼してみたらどうだろう。

○○こ星人ノ巻

ザザザザ、ガガガガ。携帯電話から奇妙な音が聞こえてきた。ひとの神経に爪をたてるような音だ。四月に父が召されてから、母の携帯にいたずら電話がかかってくるようになった。番号が非通知というわけでもなく、どうどうと鳴る。困った母がぼくに相談し、ぼくが試しに自分の携帯からその番号に電話してみた。そしてその日から、○○こ星人との奇妙な夏が始まったのだった。

最初のころ、○○こ星人はひっきりなしにメールしてきた。内容は全部同じで「○○こ！！○○こ○○こ！！○○こ○○こ！！」というものだ。最初は、「やっかいな男（なぜか男のような気がした）に関わってしまった」と思ったのだが、そのうちなんだか親しみがわいてきて、友だちになろうと思った。そこで「○○こ！！」を繰り返す○○こ星人に返信してみた。以下○○こ星人の発言はどれもみな同じなので短くした。

大頭　「どうした？」
○○こ星人　「○○こ！！○○こ野郎！」

大頭「おちつけ」
〇〇こ星人「〇〇こ！！」
大頭「で、どうしたんだい。いったい。」

この時だ。初めて〇〇こ星人が〇〇こ以外のセリフを口にしたのは。

〇〇こ星人「こら！こら！こら！」
大頭「うん？」
〇〇こ星人「〇〇こだ！！！」
大頭「しゃれか？」

このあたりから会話が妙な方向にいきはじめた。

〇〇こ星人「うんではないぞ！〇〇『こ』だぞ！！」

実際に『こ』を二重カッコに入れてきたのには驚いた。ぼくはガラケーでこんな技はできない。

○○こ星人との会話はえんえんと続くのだが、興味深いところだけを記すと、

大頭「おもしろいやつだな」
○○こ星人「○○こ！！！」
大頭「また、それか。もう少しおもしろいことを言え」
○○こ星人「お前のような変質者に言うことはない！」
大頭「おれが？」
○○こ星人「そうだ。○○こ野郎め！」

まがりなりにも会話になってきたのを感じて、ぼくはうれしくなった。

大頭「いいがかりはよせ。てか、できればxxx-xxxx-xxxx（ぼくのスマホの電話番号）に頼む」

実はひとつ問題があった。それは、○○こ星人がぼくのガラケーにメールしてくることだ。当時はぼくはガラケーとスマホの二台持ちだった。当時はこの方式が最もコスパがよかったのだ。ところが、ぼくはメールをスマホから打つことにしているので、ガラケーにメールが

くると指がつりそうになる。そこで、○○こ星人にスマホのアドレスを教えることにしたわけだ。

意外と言うほかはないのだが、○○こ星人はこの要求に応じた。これは驚きだった。スマホにあの懐かしいことばが見えた時のぼくの気持ちは、ほとんど喜びに近かった。
○○こ星人　「○○こ！！○○こ○○こ○○こ！！！」

大頭　「そうだ。こっちだ。ありがとう。好きなだけうってこい。ただ、いいがかりはよせ」

こうして夜はふけていく。

このころから○○こ星人のボキャブラリーが急に増えてきた。

○○こ星人　「携帯二台も持っているのか、この気違いが！」

大頭　「わるかったな。なかなかべんりだぞ。たとえば、どちらかの画面をもう片方のカメラで撮るとか」

○○こ星人　「お前は暇人だなｗｗ」

大頭　「おまえにひまじんと言われるのはしんがいだ」

○○こ星人　「写真集めの暇人野郎め、今朝は○○こぶりぶり出たか？」

ひょっとして○○こ星人はぼくのことが好きなのかもしれない、ふとそう思った。

大頭　「まだだ。だが、よけいなお世話だ」

○○こ星人　「尻から○○こがぶりぶりっ！　わかったか！」

大頭　「よくわからん。だいたいなんで〇〇こなんだ。ほかにあるだろう。バイクとかプラモとか」

〇〇こ星人　「理解力がないようだな！　〇〇こ野郎め！」

大頭　「よく言われる。でも〇〇こ野郎のほうじゃない。理解力がないほうだ」

〇〇こ星人　「もうええわ、話にならん。」

そのときだ。ぼくの胸にこみあげるものがった。この〇〇こ星人をこのまま去らせたくない、と思った。キリストのいのちを知らせずに〇〇こ星人が〇〇こまみれでいることに耐えきれない思いがしたのだった。

大頭　「まて。はなしがある。おまえ、キリスト教の教会行ったことあるか？」

〇〇こ星人は沈黙した。ぼくは語り続ける。

大頭　「教会に行け」

〇〇こ星人　「…」

大頭　「教会に行け」
○○こ星人　「…」
大頭　「分かったか」
○○こ星人　「…」
大頭　「こら」
○○こ星人　「…」
大頭　「返事しろ」

　すると、ついに○○こ星人が返信してきた。

○○こ星人　「何を言っているんだ？　布教活動か？」

　おそらくこのとき、○○こ星人はとんでもない人間にかかわってしまったと後悔をしていたのではないだろうか。

大頭　「そうだ。おれはおまえに布教している。人生がかわるぞ。ほんとうだ。今から教会に行ってくる。ちょっと待ってろ」

なんと、これにも〇〇こ星人は応答した。

〇〇こ星人　「よく分からんが、〇〇こしたらケツをよく拭けよ！」

なにかぼくへの　愛情さえ感じとれたので、ぼくは礼を言って礼拝に出かけた。次の日は月曜日。ぼくは朝から半日を費やして、〇〇こ星人に伝道した。

大頭　「こら起きろ。ジーザスはおまえの好きな〇〇この話もした」

そして、マタイの福音書一五章一一節と一七〜二〇節をコピペした。心から出てくるものが人を汚《けが》す、というところだ。

大頭　「おれたちの心は深くきずついている。おまえの心もだ。だから、おれたちはののしりきずつけあう。ほんとはそんなことしたくないのに。心がうずくんだ。でもジーザスはそんなおれたちを放っておくことができないんだ」

「こら、聴いているのか？　返事をしろ」

「おれがジーザスに会ったのは二五さいのときだ。おまえはいくつだ？　そのころのことを歌にした。聴け。くそったれ、という歌だ。なぜかお前にぴったりだな」

一　だれにも愛されたくなんかないと
だれも愛してやるもんかと
かじかんだ心で震えながら 今日まで生きてきた
（折り返し）
このくそったれなオレのために 十字架につけられ
このくそったれなオレのために 苦しみ抜かれた
救い主イエスと父なる神の はらわた痛む愛

二　あめ降る夜に疲れきって
生きていくむなしさにあきらめかけて
明日などないとやけっぱちで あの人を裏切った
（折り返し）

三　嵐の夜明けに、いなずまとどろいて
にがい思い出がこみ上げたときに

イエスのみ声がとつぜん響く
父よ彼らをゆるしたまえと。
（ここだけ折り返しではなく）
このくそつたれなオレだなんて言っちゃっだめだと
このくそつたれなオレを強く その手でだいた
救い主イエスと父なる神の はらわた痛む愛

「おまえ今、やばいやつとかかわったと思ってるか？　とにかく、おれはびんぞこ眼鏡でニキビとふけにまみれた厨二病で、友だちはいなかった。そこから抜け出そうとむりして、対人トラブルにみまわれた。それで、おれは自分がくそな世界の被害者だと思っていた。ところが二五さいのその時、気づいた。ちなみに昨日は出なかったがさっき出た。おまえの忠告どおりよくふいた。てか、うちはウォシュレットだ」

沈黙星人と化した〇〇こ星人にぼくは語り続ける。

「で、気がついた。おれは被害者なんだけど、同時に、加害者でもあると。ま、こういうことだ。おれには絶対言われたくないことがある。それを言われると生きてられないみたいな。傷口に手をつつまれるみたいで痛い。痛いから、手を振り回す。すると振り回した手が周りに当たって、周りも傷つく。世界はそんなふうに傷つけあっている」

ぼくの中にこみ上げるものがあった。

「こら、○○こ星人。おまえも痛いだろうな。おれは傷の痛みで、反射的にある人のこころを傷つけてしまった。それが、わざとだったら、今後気をつけることもできるだろう。けれども、傷に手をつっこまれた人間の条件反射は気をつけてもとめられない。同じような状況になったら、おれはまた人と傷つけ合うのだろう。そう思うと、心が痛かった。おれがどうしたかって?」

ぼくはただひとり語り続ける。それが必要だと思った。

「ふと教会に行った。そしてそこの牧師に訊いたんだ。おれは心が痛い。だれも傷つけたくない。どうしたらいいのか、と。牧師は答えた。『あなたには、どうすることもできない。けれどもイエス・キリストはあなたをそこから救うことができる』。そう言って、聖書を開いた。『しかし、彼は私たちの背きのために刺され、私たちの咎のために砕かれたのだ。彼への懲らしめが私たちに平安をもたらし、その打ち傷のゆえに、私たちは癒やされた』（イザヤ書五三・五＝新改訳２０１７）

牧師は言った。『イエス・キリストは、つばをかけられ、ムチで打たれて、十字架で殺された。それは、たがいに痛みに叫びながら傷つけ合う私たちを見ていることができなかったから。だから、神であるのに、「もう終わりにしよう」と言って、人となった。世界中の憎しみと怒りをうけとめるために。傷つけられても、自分だけは傷つけないで、すべての痛みを吸収するために。あなたが癒されるために。あなたの傷が癒されるために。だから、あなたはもう苦しまなくていい。キリストが苦しんだから』

おれははがくぜんとした。そして、受け入れた。『おれには、どうにもならない。傷つけたくないのに、傷つけ合うおれたちを助けて』と。そして、癒やしがはじまった。こじれた厨二病からの癒やし。自分を責め続けることからの癒やし。だからおまえにも知ってほしい。ジーザスには救いがある。ジーザスはおまえをいやす。ジーザスはおまえを解き放つ。おれをおまえの友だちだと思ってくれ。そして、この友だちに相談しろ。わかったか」

「……」

〇〇こ星人は沈黙している。ぼくは〇〇こ星人の得意の話題にふってみる。

「あのな。けさ、〇〇こでた。ウォシュレットこわれたから、よくふいた」

「……」

それでも〇〇こ星人は黙っている。ぼくは〇〇こ星人の返事がむしょうに見たかった。

「おい、〇〇こ星人。おはよう。おれは、おまえのことがきらいではないぞ。なんか、かわいいところがある。おまえにぴったりの YouTube があつたぞ。きけ（https://bit.ly/三tXGxDv）」

明野キリスト教会の Youtube 礼拝を紹介したのだが、それでも〇〇こ星人は沈黙している。

「〇〇こ星人よ。おはよー。おまえはおれのこと、きらいなのか？　昨日の Youtube の牧師だが、いい本書いてるぞ。『アブラハムと神さまと星空と』だ。アマゾンで買え」

それでも音沙汰がないので、ぼくは心配になった。

「こら、〇〇こ星人。もし、発熱やだるさがあつたら、医者に行く前に、保健所に電話して指示をあおげ。わかったな」

今でもぼくはときどき〇〇こ星人にメールをしてみる。返事はないのだが、着信を拒否されているのでもない。

革命少女炎子《ほのおこ》ノ巻

かつて遠いはるかな昔、この国には「昭和」と呼ばれる時代があった。これはその時代にいのちを燃やしたひとりの少女の物語である。

ぼくがご近所の炎子さんと知り合ってもう一〇年以上になる。ずいぶん長い間、ぼくにはこの人との付き合い方が分からなかった。人間にはコア（核）のようなものがある、とぼくは考えている。大きな喜びはそのコアに密接に関係している。大きな悲しみもまた。コアはその人がしょっちゅう口にしている場合もある。そうでないこともある。自分で気づいている場合もあるが、気づいていない場合も多い。いずれにしても、その人をその人として成り立たせ、際立たせているもの、それがコアだ、と言ったら分かるだろうか。だれかのコアとぼくのコアが共鳴する時、二つのたましいが腑に落ちる。そして、ぼくの信じるキリストに人は心を開いていくのだと。

けれども炎子のコアがなんであるのか、ぼくにはそれが分からなかった。いつも元気で明るい炎子さん。優しくて、子どもたちや孫たちに慕われている炎子さん。でも、なんといったらいいのだろうか、炎子さんの横顔にはふっとさびしさがよぎることがあるのだ。そんなことはだれにでもあるのかもしれない。それはそうなのだが、炎子さんの場合は、なんだかそこに気高さのようなものがいつも感じられた。それがいつもぼくを不思議な気持ちにさせるのだった。

ある日、炎子さんの横顔はとりわけさびしそうだった。みんなはそんな時、なんと言うだろうか。ぼくは、なんと言ったらよいか分からなかった。それで、思わずとんでもないことを言ってしまった。今までだれにも言ったことがない、そして、これからも決して言うことがないであろうひとことを。それは……。

「カラオケに行きませんか?」

誤解してはならない。ぼくはカラオケにほとんど行ったことがない。というか、音楽が苦手なのだ。よく車の中でBGMをかけたり、ラジオでアナウンサーが語っているのを聞きながら、会話する人がいるが、ぼくはあれが苦手だ。前にも言ったがバックグラウンドに音があると、どういうわけか車内の会話が聞き取れないのだ。それをがまんしていると、だんだんイライラしてくる。なのでそういう時には、お願いして、ラジオやCDを消してもらうことにしている。

そんなぼくがなぜ、炎子さんをカラオケに誘ったのか。これは自分でもよく分からない。なんとなくそんな気がした、というだけだ。それはぼくだって、牧師がご近所さんとカラオケに行くということは、なんだか妙な気がしないでもない。カラオケが妙なのではない。当たり前だ。カラオケは現代日本のかなり偉大な発明だ。妙なのは牧師とカラオケの組み合わせだ。カラオケを歌う牧師。なんだか、とても俗っぽい感じがする。

しかし、とぼくは思う。もしカラオケを通して炎子さんの、いや、だれかの心が開いていくとしたら、そのコアが神さまに向かって開かれていくなら、どうだろう。カラオケ牧師も、ま、捨てたものではないだろう。そもそもぼくはとても俗っぽいし。

と、いうわけでぼくと和子さんと炎子さんでカラオケに出かけることになった。まだコロナがやってくる前のことだ。何回か行ったのだが、時間はいつも一五時三〇分。和子さんも炎子さんもその時間が都合がいいという。きっと主婦の仕事がいちだんらくする時なのだろう。予約は炎子さんの担当。ぼくは割引券を手に入れておく係だ。

炎子さんの歌のうまさには度肝をぬかれた。声がいいし、音程も正確なのだが、加えてマイクワークもうまいのだ。マイクワークと言えば、心臓のところにマイクを当てて、指でトントンして、心臓の鼓動のふりをすることだと思っていたぼくは、自らの不明を恥じた。そんなぼくに、炎子さんはマイクの持ち方やマイクを動かして音にニュアンスをつけるやり方を教えてくれた。このことは講壇でのぼくのマイクワークを進歩させることになった。

通常ぼくたちのカラオケは若い順に歌うことになっている。和子さん→ぼく→炎子さん、という順番だ。ある日、歌われたのはこんなメニューだった。

①和子さん一巡目「時をかける少女」（一九八三、原田知世）
＊和子さんはなかなか歌がうまいのだ。
②ぼく一巡目「青い山脈」（一九四九、藤山一郎）
＊なんだかぼくはこの時代の歌が好きだ。
③炎子さん一巡目「愛の讃歌」（一九五二、越路吹雪）
＊シャンソン教室の成果が全開。
④和子さん二巡目「乙女座宮」（一九七八、山口百恵）
＊ぼくの初めて聞く歌だったが、いい。
⑤ぼく二巡目「港町一三番池」（一九五七、美空ひばり）
＊これは途中でわからなくなり炎子さんに手伝ってもらった。
⑥炎子さん二巡目「サン・トワ・マミー」（一九六四、越路吹雪）
⑦和子さん三巡目「時代」（一九七五、中島みゆき）
＊ここで聞いていた炎子さんが涙を拭った。ぼくたちはびっくりしたが、ぼくたちもいろいろ思い出して泣けてきた。中島みゆきは高校時代に宮下くんから教わった。
⑧ぼく三巡目「青年は荒野をめざす」（一九六八、ザ・フォーククルセイダーズ）
＊ぼく、大きくはずす。自分でもなんでこんな古い歌を知っているのか不思議だ。しかし、この歌が後で重要な役割を果たすことになった。

この時点で約四〇分が経過。昼下がりのカラオケはまだまだ続く。

後半のメニューはこうだ。

⑨炎子さん三巡目「学生時代」（一九六四、森山良子）

＊全員手拍子でのりのり。

⑩和子さん四巡目「花嫁」（一九七一、はしだのりひこ）

＊全員が立ち上がり肩を組んで揺れながら熱唱。和子さんがなぜこんな歌を知っているのか不明。ひよつとしたら、ぼくがいつも歌うからもしれない。

⑪ぼく四巡目「昭和ブルース」（一九六九、ザ・ブルーベル・シンガーズ）

＊ぼくが高校生のころ、N先生がときどき全校生徒に映画を見せてくれた。その中に「若者たち」があって、主題歌がこれだ。この日ぼくはマイクを置いて絶叫した。特に理由はないけれど。

⑫炎子さん四巡目「大阪暮色」（一九八八、桂銀淑）

＊他の二人はこの歌を知らなかった。

⑬ぼく五巡目「旅人よ」（一九六六、加山雄三）

＊若大将の歌はいつも爽やかでのうてんきだ。ここでなぜ和子さんよりぼくが先に歌ったのか、理由は忘れた。

⑭和子さん五巡目「この広い野原いっぱい」（一九六七、森山良子）
＊一堂で斉唱。
⑮炎子さん五巡目「街の灯り」（一九七三、堺正章）
＊ぼくたちは知らない歌だった。
⑯ぼく六巡目「安奈」（一九七九、甲斐バンド）
＊完全に和子さんとの順番が入れ替わっている。
⑰炎子さん六巡目「ラ・ボエーム」（一九六五、シャルル・アズナヴール）
＊どシャンソン。てか、炎子さんも和子さんを追い越している。
⑱和子さん六巡目「なごり雪」（一九七四、いるか）
＊和子さんお待たせ。
⑲残り時間を見ながらみんなで「心の旅」（一九七三、チューリップ）
＊やはりこのあたりが全員の共通項だ。
⑳もうひとつおまけにみんなで「友よ」（一九六九、岡林信康）
＊時間切れ寸前に終了。

この「友よ」を歌ったときに、ぼくはふとひらめくものがあったのだ。なにせコロナがやってくる前のことだ。ぼくたちはカフェに場所を移して語り合った。先ほどの岡林信康のことから、ぼくはいつものように真っ直ぐに切り込んだ。

「炎子さんの世代って全共闘でしょう」。炎子さんは遠い目をした。そのとき、ぼくは確信した。これこそが彼女のコアなのだ、と。かつて世界をステューデント・パワーが席巻した時代があった。一九六〇年代末、「いちご白書」のコロンビア大学闘争、フォレスト・ガンプにも登場したブラック・パンサー、中国の文化大革命、フランス五月革命など。日本では全共闘（全学共闘会議）や全学連（全日本学生自治会総連合）に多くの若者たちが集結した。

一九六〇年生まれのぼくにはよくわからないが、そのエネルギーはすさまじいものであったらしい。内ゲバやリンチなどこの運動には暗い側面もあった。また、奇妙なことに六八年の東大駒場祭での橋本治のコピー「とめてくれるな　おっかさん　背中のいちょうが泣いている　男東大どこへ行く」に見られるような任侠との結びつきのような現象も見られた。ぼくが歌った昭和ブルースなど、まさにその産物だと言える。ぼくはと言えば、中学生のころ小田実のべ平連（ベトナムに平和を！市民連合）に憧れたものだが、これは七四年に解散している。ぼくは遅れてきたステューデント・パワー世代なのだ。

アイスコーヒーを飲みながら、炎子さんが語り始める。彼女は港町の女子高校生だったころ、労音（勤労者音楽協議会）の広報に携わっていたらしい。自転車の後ろに乗せてもらって、ポスターを貼りにいく。親の目をぬすんで。そこにはスリルとロマンスの香りがする。本当に昭和は遠くなってしまったものだ。

やがて炎子さんは大学へ進学した。故郷の港町を出て、学生たちの街へと。そこで炎子さんはひとりの青年に出会う。手提げカバンひとつでいつも旅をしていた、その青年こそが……「私の主人です」と、炎子さんは言った。あの柔かなおじさんが……ぼくはたまげた。ほんとうにたまげた。腰を抜かすほどに。

ふたりは幸せな家庭を築いた。三人の子どもに三人の孫。どこから見ても、温厚なおじいちゃんとおばあちゃんだ。けれどもだれかが不正な扱いを受けている時、貧しい者たちが虐げられている時、炎子さんの心は燃える。そして声を上げるのだ。黙っていられない、ぼくはそんな炎子さんが好きだ。

面白いことがある。カラオケ代だ。平日昼間の九〇分。しかも三人ともシニア会員だ。一人数百円で済んでしまう。けれどもぼくたちは、それをきちんと割り勘にする。それがルールだからだ。だれにも借りをつくらず、貸しもつくらず、生きていくのだ。けれども、歌の合間につまむお菓子は、炎子さんが提供してくれる。これがまた、なかなかなのだ。どこで手に入れるのか、懐かしい駄菓子やなんかを持ってきてくれる。ある時、フルタの麦チョコをつまみながら、炎子さんがつぶやいた。「幸せってなんでしょう」と。

ぼくは声には出さずに、心の中で答えた。「その答えは、革命少女が知っている。革命少女炎子が。世の痛みを見て見ぬふりができなかった革命少女たち。革命青年たち。君たちは多くの愚かな過ちを犯した。多くの人びとを傷つけ、自分たちも傷ついて、散り散りになった。けれども、君たちよりも世の痛みに痛んだお方がいる。君たちよりも世の不正に激しく怒ったお方がいる。それはイエス。人となられた神ご自身。そしてこのお方こそがほんとうの革命家だったのだ」と。

一九八九年のベルリンの壁崩壊、一九九一年にソ連が解体。共産主義はその限界をあえなく露呈した。しかし資本主義もまた、たった六二人の大富豪が世界の半分の富を持つにいたって、そのとめどもない暴走をとめることは不可能に見える。ぼくは心の中で語り続ける。

「だから革命少女たちよ。革命青年たちよ。ほんとうに革命が必要なのは、ぼくたちなのだ。自分の力で暴力革命を目指すのでもなく、自分にはなにもできないと諦めてしまうのでもない。きちんと自分の必要を伝え、相手の必要を聴く。決して分かり合えない相手とあくなき対話を続ける覚悟を持つ。そんな人間へと革命されるのだ。そのモデルは、もちろんイエス。イエスが自分に似た者にぼくたちを革命してくださるのだ」。

非暴力ということをぼくはよく考える。代表格はガンジーだ。マハトマ・ガンジー（一八六九〜一九四八年）の孫であるアルン・ガンジーは、「『世界が変化するのを見たいのであれば、自分がその変化になることだ。そうしないかぎり、決して変化は実現しない』と祖父は常々口にしていた。悲しいことだが、私たちはみな、誰かが最初の変化を起こしてくれるのを待っている」（二〇一二年版『NVC 人と人との関係にいのちを吹き込む法』序文一三頁）と書いている。

もうぼくの言いたかったことは分かるだろう。自分が変化になったお方はもう来られたのだ。その変化はあまりにも大きな変化であったために、人々は気がつかなかった。それは神が人となるという変化で、そこから世界は変わり始めた。世界のすべてが。だからぼくたちは変わることができる。世界が変化するのを見ることができるのだ。ぼくは今度は口に出して語り始めた。「炎子さん、幸せというのは……」。

蒼穹ノ巻

いよいよ蒼穹について語るときが来たようだ。去年の四月、父が召された。そのころからバイクに乗りたいと思うようになった。いや、正確にはそうじゃない。バイクには子どものころから乗りたかったのだ。マンガの『750（ナナハン）ライダー』や『ワイルド7』が好きだったし、映画ではチェ・ゲバラの『モーターサイクル・ダイアリーズ』。チェが「ポデローサ号（馬力のあるやつ）」と呼んだあのバイクは英国車のノートン500だ。英国車といえば、アラビアのロレンスことトーマス・エドワード・ロレンスを思い出す。軍人で考古学者のロレンスは軍隊を除隊後、バイクのロールス・ロイスと呼ばれたブラフ・シューペリア社製SS100を運転中、自転車に乗っていた二人の少年を避けようとして事故を起こし、意識不明の重体になり、六日後の一九三五年五月一九日に死去した。四六歳だった。

三〇歳のころ、ぼくは400ccまで乗れる中型免許を取った。そのころ買ったスクーターのヤマハ・シグナス125は、阪神・淡路大震災のとき大活躍をすることになった。瓦礫と化した神戸市内は渋滞がひどかったが、水や米、ときにはガソリンを積んであちこちに届けたものだ。

友だちのへいたが教えてくれたエスニックジョークがある。余裕ができた男たちが始める悪さのことだ。日本人は蕎麦打ち、イギリス人はガーデニング、アメリカ人はハーレーに乗る、のだそうだ。いやイギリス人は登山だというバージョンもある。ぼくはかつて余裕がでぎたためしがないのだが、還暦まで数カ月となったころ、ふと、蕎麦打ちでも登山でもなく、バイクに乗ってみたくなったのだ。

果たして父の死とバイクはなにか関係があるのだろうか。フロイトなら隠されたリビドーで説明するかもしれないが、リビドーなのかどうなのか、ぼくにはわからない。そうだとしても、それは隠されているからだ。ぼくと父との間にはなかなかのエピソードがあるのだが、それはもうすぐ出る説教集第三巻『栄光への脱出（出エジプト記）』に書いておいた。豊田信行せんぱいが解説でも取り上げてくれている。あの癒やしの過程の仕上げがバイクだったのだろうか。それとも、まだ癒やされつつある部分がバイクとなって咆哮したのだろうか。

バイクに乗ろうとする男は、三本の木を切り倒さなければならない。一本めの木は財源だ。ぼくの小遣いをためるのではいつになるかわからない。ところが、この解決は意外なところからやってきた。ときの総理が国民みんなに小遣いを配ったのだ。この大盤ぶるまいは、きっといつか払わなければならないツケなのだろうが、当面は経済活性化のために有効に用いることにした。その対象として、ぼくは中古バイク業界を選んだわけだ。

二本めの木は和子さんだ。和子さんはとても心配した。じつに当然のことだ。そこでぼくは某所から125ccのスズキを借りてきた。これにひと月乗ったが、一度もこけなかった。エンストは毎日三回したが。そんなこんなで心配しながらも、和子さんは「あなたの好きなようにしたらいい」と言ってくれた。思えば和子さんは、いつもぼくの「好きなように」を受け入れてくれてきた。会社をやめたときも。英国留学のときも。このときのことはいつか話したいと思うが、家族でいきなりマンチェスターに移り住んだのだ。和子さんなしにいまのぼくはあり得ない。

バイクに乗るために切り倒すべき三本めの木は、ぼく自身だ。世間ではぼくのことをやりたい放題の愉快な男だとみなしているふしがあるが、じつはぼくは小心者なのだ。これでけっこう人からなんと言われるか気にしている。親友の久保木んぐこと久保木聡牧師にきいたらわかる。それでぼくは自分に対して二つの大義名分を掲げることにした。一つはコロナだ。そのころ教会では、第一次リアル礼拝休止（四月一二日〜六月二一日）に続いて、第二次リアル礼拝休止（八月二日〜一〇月一一日）中でYoutubeライブ配信のみとしていた。週報はメールで配るのだが、紙でほしい人には、土曜日に役員たちと手分けして週報を配る。それをバイクに乗って配ることにしたわけだ。ただ、ほんとうのところは、車で配ってもそんなに変わらないので、われながらあまり説得力はない。

もう一つの大義名分は、大規模災害のときの移動手段の確保だ。前にも言ったがぼくには阪神・淡路大震災の体験があるので、二輪はやはり必要だと思うのだ。ただそれならホンダのカブに勝るものはないだろうから、これもなかなか薄弱な説得力しか持たないのだが。

二つの薄弱な大義名分しか持たないぼくは、決心を鈍らせないためにこのことを仲間たちに公表することにした。「バイクってすてきだな」から始まって「バイクに乗ってみたいな」とか「ほんとに乗ってみようかな」というふうにだんだん引っこみがつかない状況に自分を追い込んだのだ。そうするうちに、自分もバイクに乗りたいという人びとも現れた。中には、中型免許を取った人もいた。

その様子を見て、ぼくはアーサー・ホーランドの「ロードエンジェルズ」を思い出した。仲間とツーリングしたり、キャンプしたり、そして焚き火をおこして語り合う。そこにまだ神さまを知らない人なんかも誘ったら、さぞ愉快だろう。そう思ったのだ。名前はすぐ思いついた。「J.C.M.C.」だ。略語にしたのにはもちろん意味がある。こういうわけのわからない名前にしとくと人はかならず、「なんですか?」と尋ねるものなのだ。「J.C.M.C.」は「Jesus Christ Motor Club」だ。ここに会員番号がつく。例えばぼくだと「J.C.M.C.001」はもちろん主イエスだ。主イエスがバイクに乗るかって? そういう神学的な質問はぼくにはしないでほしい。

そんなことを言っていると、いろいろな人から「J.C.M.C.」に加わりたいという申し出があった。中にはバイクに乗れないけど、という人もいたが、構わず会員番号を発行することにした。

ま、人生はお祭りなのだ。

こうして前景気が盛り上がって、もはや後ろには引けなくなってきたので、いよいよバイク探しに乗り出すことになった。頼みのつなは平太だ。なかなかおもしろい男で、石川ヨナやオオハラシンイチといったミュージシャンを紹介してくれた。オオハラシンイチの名曲に「Great Grace」というのがあって、いっしょに行った金沢の教会のZoom集会で歌ってもらったことがある。

この平太が、ハーレー乗りなのだ。中古バイクの見分け方などぼくにはわからんので、平太に頼んでついてきてもらうことにした。夏の一日、ぼくたちは何軒かの中古バイク屋を回った。ねらいはゲバラみたいなオールドファッションな単気筒バイクだ。レーシング・バイクみたいな「ギューン」という音ではなく、軽紡績機のような「シュカシュカ」というようななんとも牧歌的な音がする。見分け方はエンジンが真っ直ぐに立っていて、車体との間にスキマがある。平太によるとこのスキマに缶コーヒーを突っ込んでおくと、よい加減にあったまるのだそうだ。これは捨てがたいポイントだと言える。

単気筒バイクで有名なのはヤマハSR500だ。これには400cc版もある。ただ251cc以上のバイクには車検がある。そこでぼくたちは250ccを探すことにした。有名なのはホンダGB250クラブマン。ところが一九九七年まで製造されていたこの名車は今も人気があって、ぼくには手がでないことがすぐにわかった。すき家の「うな牛」を奮発した平太とぼくは、午後ちょっと遠いバイク屋を訪ねた。そこでぼくは一台のバイクに吸い寄せられてしまった。それこそがスズキST250だった。これは二〇〇七年まで製造されたオールド・ルックスと呼ばれるスタイルの空冷単気筒バイクだ。平太によれば、スズキというのは何を考えているのかわからないくせに妙な魅力があるメーカーなのだそうだが、確かにリア・ウインカーがじゃまでサドルバックがつけられないなどおかしなところはあった。けれども出会いとはそもそも不可解なものである。出会ってしまったらおしまい、というところがあるのだ。

すばらしくシルバーに輝くST250。キリッと直立したエンジンが凛々しい。250ccの割には車体が大きくてしっくりくる。ただ一点、後輪がドラム・ブレーキで、ディスク・ブレーキに比べてロックしやすく、こけやすいという難はあったが、目をつぶって買うことにした。だいたいぼくは買い物で悩むことがない。昔、三菱デリカを買いに行って、五分で契約したことがある。思うに大きな買い物ほど悩んでもしようがない。自分ではコントロールできないことが多すぎるからだ。かえって大根などは、よく吟味して買うのがよいだろう。こうしてぼくと平太は帰路についた。ST250は、整備や書類が整ったところで、うちまで陸送してもらうことにした。かなり遠くのバイク屋だったので、

いきなり運転して帰る自信がなかったのだ。

それからはST250の到着を待ちながら、装備をそろえたり、Youtubeで運転を研究したりした。平太はお祝いにフェンダー・プレートをプレゼントしてくれた。よく昔のバイクの前輪の雨除けに縦長というか、横から見た時に数字が見えるようになっている黒い板がついているが、あれだ。平太がお友だちのえみちゃんに「J.C.M.C.002」の文字を入れてくれるように頼んでくれた。

納車は遅れに遅れた。お盆がはさまったり、コロナだったり、いろいろで。そういうときは、他のことを考えるに限る。そのことばかり考えていると、その日は警戒して近寄ってこない。でも、よそ見をしているふりをして、口笛でも吹いていると、その日は油断して、うっかり近づいてくる。そういうものなのだ。人生は。

ご近所のカーさんは前にヤマハSR500に乗っていたというバイク好きだ。ぼくがバイクを買うと聞いて、倉庫にあったという大型バイク用のガッチリした鍵をくれた。平太もごついチェーンをくれたので、防犯対策は万全だ。そのほか、プロテクターの入ったズボンやジャケット、手ぶくろやヘルメットなど少しずつそろえるのも楽しい。人生には足踏みの時期がある。そういうときにはささやかな楽しみに気を紛らわせるのもいいものだ。そっと見まもるべきことを下手にいじりまわしてだめにしてしまうことってけっこうある。若いうちは気づかなかったが。

永遠に思える待ち時間もいつかは終わる。やがてぼくのST250の納車の朝が来た。奇しくもぼくの第二の説教集『天からのはしご　創世記下』の納品と同じ朝、エレベーター付きのトラックから降ろされたそいつは銀色に輝いていた。キーを回すとエンジンは軽やかに回った。ギアを踏み込んでスタートさせると、やはり125ccとの差は歴然。ST250にはエンストするということがないのだ。

夏空の下、ぼくは毎日そいつに乗った。バイクのギアはニュートラルから左足で一段踏み込むと一速。つま先でコンとあげたところがニュートラル、もう一つあげると二速、以下どうように五速まである。ぼくは、そんな操作にもだんだん慣れていった。

「遊園地にしろ、釣りにしろ、遊ぶためには現地に行かなければならない。けれどもバイクだけはちがう。家から走り出したとたんが、冒険なんだ」と言った男がいた。だれか忘れたが、至言だ。ぼくは毎日そんな小さな冒険を楽しんだ。そうして一週間が過ぎたころ、ぼくは中くらいの冒険に出かけることにした。

北の海辺の街に行こうと思った。けれども男が六〇歳を超えると、その行動には理由が必要になる。それは五九歳と一一カ月だったぼくにも援用されると考えてよいだろう。つまり北の海辺の街に行きたかったから行った、などということを言ってよいのは、五九歳と一〇カ月までなのだ。そこで、ぼくは北の海辺の街に住む友人を訪ねることにした。サプライズで。ただ、それがどれほどのサプライズになるかを、ぼくもその友人も知るよしもなかったのだが。

〇六：〇〇　ぼくとST250出発。一三〇キロほどの道だから、ゆっくり走っても三時間もあれば到着するだろう。向こうで数時間過ごしたとして、陽があるうちにじゅうぶん帰って来れるはず、だった。

〇七：〇〇　京都の西側、愛宕山と大枝山の間を抜けて国道九号線は走る。このあたりは昼間もひんやりしている。カーブの連続する上り坂をST250は小気味よくクリアしていく。峠を越えたところで、コンビニでコーヒーを買った。ガラスに写ったST250の立ち姿にあらためてぼくはほれぼれとした。ブリティッシュと呼ばれるこのタイプのバイクは、レーサータイプのようにうずくまるようなデザインではない。どちらかというと馬に近いのだ。だから立ち姿がとても優美でオーソドックスなのだ。こう見えてぼくはオーソドックスなのだ。

〇八：三〇　少し眠くなってきた。小川沿いの草むらにST250を停めて、ぼくは寝転んだ。バイクのジャケットやパンツはしっかりした防風仕様になっているので、草がちくちくすることもない。ぼくはぐっすりと眠った。ここ何年も味わったことのない心地よい風の中で。夏空はあくまで高い。蒼穹とはこんな空を言うのだろうか。

〇九：三〇　起き上がってしばらく走るとエンジンがすとんと止まってしまった。症状はガス欠のようだが、ぼくの計算ではまだまだガス欠のはずがない。困ったときの平太だのみ。平太に相談するとやはりガス欠ではないか、と言う。なんとかガソリンスタンドにたどりつき、給油するとタンクがほとんど空だったことがわかった。このことはぼくの中で疑問符として残ることになった。

そしてその後、悲劇が起こった。街中に入り、友人宅まであと少し、というところ。赤信号で交差点に停まったぼくは、信号が変わるのを待ってそろそろと発進した。交差点から一〇メートルほど進んだとき、前を走っていた軽自動車が右ウインカーを出すと同時に停車した。その後の記憶がないのだ。ひょっとしたら、ST250の燃費が気になって、ぼくの反応が遅れたのかもしれない。はたまた後に、警察が推測したように、衝突を避けようとしたぼくが自分でST250を倒したのかもしれない。いずれにしても、記憶しているのは、右側を下に横倒しになったST250がスーッとすべって、コンと軽自動車に当たったことだ。見るとぼくの右足がST250の下に入っており、タンクのキャップからガソリンが滴っている。

ST250を蹴って足を抜いた。バラバラと数人の男たちが駆け寄ってきてくれた。ぼくを助け起こして、バイクを道端に移動してくれる。日本っていい国なんだなぁと思った。軽自動車の老婦人も降りてきて気づかってくれた。電話して呼んだ警察官もとても優しかった。バイク好きだったのかもしれない。事情を話したり、保険会社に電話したりしているうちに、みんなが救急車を呼ぶべきだ、と言い始めた。ぼくはちっとも痛くなかったから、そんな必要はないと思ったが、ふと、念のため病院に行く方がいいかもしれない、と思った。人生初の救急車。担架に乗ることもなく自力で乗り込んだので、なんだか大げさな気もしたが、これがよかった。病院で診察を待つうちにだんだん痛くなってきたのだ。看護婦さんたちもみんな優しかった。バイクでこけた初老の男からは人をなごませる香りがただよっているのかもしれない。

診察を待つ間に、和子さんに連絡した。ほんとうにすまないと思った。レントゲンとかいろいろ撮ってみると、かなりの重傷であることがわかった。右鎖骨粉砕骨折。右ひざ関節内骨折。人間のひざは、たぶん動物のひざも、二重になっていて、その内側の十字じん帯の付け根が剥離しているというのだ。一カ月の入院だという。一カ月もこの北の海辺の街で！それを聞いてなんだかくらくらしてきた。ぼくは即決した。「では、家に帰って手術を受けます」。そして三本の電話をかけた。まず、北の街の友だちに。驚かせようと思って今日の訪問はないしょにしていたのだが、事故のてんまつを話してほんとうに驚かせてしまった。でも、ぼくを自動車で家まで送ってくれると言ってくれた。

次の電話は○○○王。人間はあきらめが肝心だ。ぼくはバイクを降りることを決心した。これ以上和子さんを心配させるわけにはいかない。そして愛するST250の買い取りを依頼したのだった。最後は京都の友だちに。今夜、ぼくは教会に泊まることになるだろう。二階まで上がり、休むことができるように整えるのに男手が必要だと思ったのだ。彼も教会でぼくを待っていてくれる、と言ってくれた。

ひざに装具をつけたぼくを乗せて、自動車は一路ぼくの町へと走る。日が暮れるころ到着したぼくを和子さんと京都の友だちが迎えてくれた。なんだかほっとした。

翌日、地元の病院に行ったぼくは拍子抜けした。お世話になることになった女医さんが、「一泊で鎖骨の接合手術をしましょう。スケジュールが空くのは四日後」とさっぱりしていたのだ。そんなことで、ぼくはなんとなくたいしたけがではなかったような気になったのだが、それは大きな誤解だったことが後にわかる。

一方、教会ではしばらく続くであろうぼくの療養生活にむけて準備が整えられていった。歩くことは許されていないから、八〇〇メートル離れた自宅マンションと自力で往復することはできない。しかも、エレベーターのないマンションの四階には上がれないから、教会の二階に住むしかないわけだ。教会のある人はニトリの収納ボックスをいくつも買ってきてくれてベッドのようにしてくれた。いろいろな食料も運び込まれて、冷蔵庫が満たされた。いつもなら、「いやいやいやいや」とお断りするところだが、とにかく身動きができないので、ただ愛されるしかない。ぼくは腹をきめてただ愛されることにした。

たいへんなのは和子さんだ。家と教会と二軒の家事をすることになった。和子さんは毎日、昼前に教会に来て昼食を作ってくれる。そして夕食を作って、いっしょに食べて、ぼくが風呂に入るのを手伝って、それから家に帰るのだ。ありがとう、和子さん。

手術は火曜日。右の鎖骨が七つに折れているので、それをチタンプレートにボルトで留める。ほかの小さな破片は集めておおよそ元のところに置くということだ。それまでに日曜日が一回ある。ぼくが礼拝で説教することも不可能ではないのだが、それでは痛々しすぎるだろう。教会の役員たちと話して、ぼくたちの礼拝は休んで、Youtubeライブで仲間の教会の礼拝に参加させてもらうことにした。ところが当日は感動だった。なんと仲間は礼拝をぼくたちとの合同礼拝としてくれたのだ。こうしてぼくたちの教会の礼拝は休みではなくなった。ぼくたちの礼拝の歴史はとぎれることなく続いたのだ。モニターの中で、なんどもぼくのために祈りがささげられた。こころに沁みた。

コロナの時代になって、Youtubeライブ礼拝が一般的になった。このこと自体は善でも悪でもない。そういう技術が利用できるようになった、というだけだ。けれども危惧すべきこともある。例えば視聴者がテレビのチャンネルを変えるように、五分おきに異なる教会のライブを渡り歩いたとしたら、どうだろう。「あ、この賛美好き。この牧師の説教いいわー」と言って。それは礼拝とはかなり、異なるものだ。その点で、この合同礼拝は礼拝についてたいせつなことをぼくに教えてくれた。自分の属する共同体へのロイヤルティーみたいなものだ。もちろん属している教会で苦しんで、他の教会へ緊急避難している人びともいることは忘れてはならないが。

手術を待つ間に、神戸の母ちゃんに電話した。母ちゃんは「バカ」と言った。母ちゃんが「バカ」と言ったことを、教会の人びとに話すと、みんなも「あたしもそう言いたい」などと言っていた。あゝ。

いよいよその朝が来た。ぼくはとなりの教会の牧師に送ってもらって、病院にやってきた。

この後は、毎週一、二度、通院することになるのだが、そのたびごとに教会の人びとを中心に、何度かご近所さんにもやっかいになった。

手術前日にはヒゲを剃った。なかなか気に入っていたので惜しかったのだが、管を入れる時にテープを貼り付けるじゃまになるから、というので仕方なかったのだ。

やがて手術台に横たわったぼくは、医師やスタッフの方々に、ぼくのまわりに集まってくれるよう頼んだ。「実は、ぼくはキリスト教会の牧師です。手術の前に祈りたいので、心を合わせていただきたいんです」。そう言ったのだ。手術前などの祈りは気を使うこともある。本人はクリスチャンでも、家族がそうでなかったりすることもある。医師にもいろいろな考えの人がいるだろうから、みんないろいろ考えるわけだ。けれども今度ばかりはぼくの手術だ。だれに遠慮することもなく祈ることができるわけだ。みんながぼくのまわりに集まってくれた。

ぼくは仰向きのまま、無事なほうの左手を挙げて祈った。この手術が神さまの守りのうちに行われるように。コロナ禍の中で苦闘するこの人びとが、神の支えによって世界の破れをよくつくろっていくことができるように。彼らとそのご家族に祝福と豊かな酬いがあるように。祈り終わったぼくの耳に「こんなの初めてだなー」「感動したー」、なかには「こうごうしいー」とか、そんな声が聞こえていたが、すぐにぼくは眠りにおちた。

夜中にぼくは激しい痛みを感じて目を覚ました。こんな痛みはちょっと経験したことがない。しばらくがまんしていたのだが、考えてみれば、別にがまんする理由もない。ぼくは看護士詰所のとなりの部屋にいるようだった。ナースコールを押して、痛み止めの点滴を入れてもらった。そんなことをしているうちに朝になり、和子さんがやってきた。

それからはある意味、規則正しい生活が始まった。日曜日になると教会役員に手伝ってもらってYoutubeライブ礼拝をする。週に一度か二度、リハビリに行く。そうこうするうちに、うわさを聞いたご近所さんたちが訪ねてくれるようになった。なかでも火山先生は毎日来てくれた。和子さんが教会にいる時はいいのだが、いない時、ぼくは階段を降りることができないから玄関のカギが開けられない。そこでよいことを思いついた。玄関のカギにヒモをつけてたのだ。だれかがチャイムを鳴らすと、ぼくが二階の窓からカギを投げる。訪問者はそのカギでドアを開けて中に入り、ぼくはヒモをたぐってカギを引き上げる、というわけだ。この方式はとてもよく機能した。郵便局や宅急便の人々にも、カギを使って入ってもらい、荷物を二階まで持ってきてもらうことにしたのだ。お礼にはグッドニュースやライフラインの番組案内などをあげるようにした。

カーさんなどは、昼食に材料持参で焼きそばを作ってくれた。手術の一〇日後に抜糸。残った長さ約一五センチの跡は、最初はギザギザしていたがだんだんなだらかになっていった。観察していると骨というものは毎日少しずつ動いているようだった。チタンプレートを留めているボルトが飛び出している日もあれば、目立たない日もあった。人間の体とは不思議なものだ。こうして損傷を受けると、体が総動員で回復しようとする。事故という歴史を刻んだ体は、まったく元のつるつるの状態に戻るわけではないが、さらに愛着を感じさせる。これはなんだか教会に似ている。教会はいろいろな困難や問題を乗り越えていく。乗り越えた教会は傷だらけかもしれないが、さらに愛着のわく教会だ。ぼくたちにとっても神さまにとっても。

そのころ平太の友だちのえみちゃんからフェンダープレートが届いた。いかんせんST250はもうないが、ぼくはこのフェンダープレートを壁に飾っておくことにした。記念に。

ぼくのリハビリは四人の人びとが担当してくれた。バレーボールの得意なチョーさん、ベテランのコーさんとヨーさん、そして若手のレモンさんだ。みんないい顔をしている。やさしさと凛としたところが同居しているのだ。心と頭脳の両方を用いる人びとの目の輝きと、体をよく用いる人びとのしなやかさとの均整がとれていると言ったらよいのだろうか。

一回一時間ほどのリハビリ、と言ってもぼくのリハビリは歩いたりするわけではない。肩とひざをマッサージしてもらうのだ。ぼくはただ座ったり寝たりしているだけなので、口は開いている。いきおいその口を使うことになる。自然な流れだ。

ぼくはいろんなことを語った。牧師であること。ぼくの願いは世界の破れをつくろうこと。

これは正確に言うと、神さまが世界の破れをつくろうそのわざに与るということなのだが、少しわかりやすくしたわけだ。人は幸せにならなければならない、とも語った。けれどもその幸せをじゃまするものがある。それは恐れだったり、傷だったりする。語りながら、「おおっ」とぼくはときどき声をあげる。それはマッサージが効いたときだ。「リハビリの仕事は牧師の仕事に似ています」。ぼくはぐりぐりされながら語る。「傷や痛みはとてもパーソナルな一人ひとりに特有のものです。だから、ぼくもみなさんも、目の前の一人ひとりにきちんと向き合います。おおっ。あ、気にしないでください。ほんとうに人はさまざまな問題を抱えていると思います。けれどもまた、そこには共通点も多いことにも気づかされるんです。それは満たされない愛」。

一人ひとりあいづちのうち方はちがう。ほぼ黙って聴いているヨーさん。テンポよく励ましてくれるコーさん。けれどもみんな真剣に聴いているのが伝わってくる。それも当然のことかもしれない。どう考えてもリハビリの効果は、患者とリハビリの人との信頼関係に大きく依存しているはずなのだ。「愛は」とぼくは続ける。「愛は、おおっ、いえ気にしないでください。愛はすばらしいものです。愛されているという喜びは他のものでは決して得られません。愛が受け入れられることもまた。おおっ」。

これは痛いのではない。骨の髄まで奥の、わるいところが押し出される感じ、と言ったらわかるだろうか。ぼくはまた語る。「けれども愛されなかった悲しみ、受け入れられなかった痛みは、大きな傷となり病となってその人の人生を支配します。人の助けを求めたり、赦し合ったりすることに臆病になったり、ときには攻撃的になったり。おおっ」

「では傷ついた人をどのようにしたら癒やすことができるでしょうか。答えは不可能だということになります。ここもまた、リハビリと似ているところです。こうしてぼくが受けているリハビリも実際には、これがぼくを治しているのではないはずです。治すのはじつはぼく自身の体。いのち。おおっ」。いま、リハビリの手に少し力が入ったように思ったのは気のせいだろうか。「こうして受けるリハビリは、ぼくの回復の力を正しい方向に向けているということでしょう」。そこでまたチョーさんが、ぼくの回復の力を正しい方向に向けたので、ぼくはその日何回目かの「おおっ」を発した。

「だから、牧師の仕事もだれかを癒やすことではないんです。その人の持っている回復の力を正しい方向にむけること。癒やすのは神なんです。おおおおっ」。

リハビリがとりわけ冴えてきた。

「人はみんな自分が分からないでいます。自分がだれであるかが分からない。だから何かをなしとげようとする。自分の存在の理由を求めるんです。そうなると何かができた場合には、自分が存在していてよいのだと安心します。他のだれかと比べて、自分の方がよくできると思って安心するわけです。ところが、これは綱渡りです。他人との比較である以上、自分の方が勝っているとは限らないわけです。自分が劣っているなら、自分には存在価値がないことになってしまう。そうなるとうずくまってしまうんです。こうして私たちは京阪電車にのように生きることになる。淀屋橋と出町柳の間を忙しく往復する、つまり優越感と劣等感の間を忙しく往復することになるんです。おおっ」。

うなずくチョーさんに勇気づけられて、ぼくは最後の部分を語った。「だれも人をそこから脱出させることはできません。ただ、自分がたとえ何もできなくても、愛されている。そのままで愛されている。そのことを知ったときに、その人の命が動き始めるんです。癒しが始まるんです。神に愛されていることを知るときに」。

チョーさんが口を開いた。「神に愛されている……それはどうしたら……」。ぼくはゆっくりと答えた。「神の愛の言葉を聴くこと。そして、神に愛されている人びとの間に身を置くこと。それが教会です。ただ、今はコロナで集まることができません。Youtubeライブで礼拝を視聴できますから、よかったらご覧になってください。おおっ」。

ある日のリハビリの帰り道で、こんなことがあった。その日、ふとぼくはバスに乗ってみようかと思った。そこで、終わったら迎えに来てくれると言っていた教会の人を断って、病院前のバス停に行ったのだ。ベンチに座っていた女性にバス代を尋ねると二二〇円だと言う。そこで小銭入れを見ると二〇〇円しかなかった。病院代はカードで払うので、小銭入れしか持っていなかったのだ。ぼくが和子さんに電話をかけて「二〇円持って来て」とか言っていると、その人が二〇円をくれた。不思議なのはその後だ。ふと小銭入れを逆さにすると三〇〇円出てきたのだ。そこで20円を返して、いっしょにベンチに座って話していると、その人は妊婦さんで、その日は検診のために来ていたことがわかった。ぼくはなんだか、とても祈りたくなった。

「実はぼくは、キリスト教の牧師なんです。赤ちゃんとお母さんのために祈っていいですか?」と言ってみた。ここはなかなか難しいところで、妙な宗教と間違えられてこわがられる可能性だってなくはない。でもぼくがバイクでこけたことなどを話した後だったので、そんな心配は無用だった。なぜかはよくわからないのだが、ぼくのような還暦の男がバイクでこけたと聞くと、人びとは優しく微笑む。まるでたんぽぽみたいに。とても寛容なのだ。なぜなのだろう。

ぼくは祈った。赤ちゃんのために。お母さんのために。二人を支えるまわりの人びとのために。コロナのために。世界の回復のために。愛が世界に満ちるように。祈り終わるとお母さんは「実は、今日はすこし不安だったけど安心したー」と喜んでいた。

お母さんも同じバスだった。しかも降りたのはぼくの自宅マンション(賃貸)の最寄りのローソン前のバス停だった。動き出したバスの窓からぼくは手を振った。お母さんも手を振っていた。名残り雪は降っていなかった。夏だから。みんな「いるか」を知っているだろうか。

クジラの仲間のイルカじゃない。人間だ。きっとこのお母さんとはローソンで会うにちがいない。ところが、この一件について、あとでお医者さんに叱られることになった。まだ外を歩いちゃいかんと言われたのだ。この先生の腕は確かだった。ぼくの右肩に残るメスの跡にも迷いがない。みごとなものだ。あまりに感服したので、この先生やスタッフの人びとにも説教集を貸した。プレゼントは受け取ってもらえないので。永久に。

それから数カ月後、これがまた次のエピソードを生むことになった。手術で入院したご近所さんが、ぼくの説教集を持って行って読んでいた。ある日、看護士さんがそれを見て「あ、これ知ってるー」と言った。また別の日には、リハビリの人がそれを見て「これ、知ってますー」と言ったのだそうだ。ご近所さんは「先生、すごいですねー」と言っていた。なにがすごいのかはよくわからないが。

リハビリ四人衆に言わせるとぼくのケガはほとんど驚きなのだそうだ。膝も肩もぜんぜん痛くないし、スムーズに動く。あんまり驚くのでぼくが「折れかたがきれいだったんかな?」と言ったら、とんでもない、と言われた。なんでも右鎖骨は七つのブロックと無数の破片に粉ごなだし、膝は十字靱帯の付け根がはくりしているのだそうで、これは普通のことでは断じてないのだそうだ。むしろ痛みがなく、動作に支障がないことのほうが不可解だと言うのだ。信仰を特に持っているわけではいないヨーさんが「神さまの守りです」と言っていた。
ただでさえコロナ禍のうえに、運転もできないし、一〇〇メートル以上の歩行を禁止されているので、ぼくはすっかりたいくつしてしまった。一〇〇メートル以内で行けるところといえば、隣の老人ホームだ。以前は教会の人とミュージックセラピーをしに行ったりもしたが、コロナ禍では遊びに行っても入れてもらえそうにない。ところが、老人ホームのとなりに「カフェ・ド・コパン」があることを思い出した。フランス語で「友だち」を意味する「コパン」。その名の通り、ここは音楽好きが集まる喫茶店でときどき音楽会をやっている。

ある日、和子さんがお昼に来られないときがあった。自分でそばでもゆでてもよかったのだが、よい機会なので「カフェ・ド・コパン」に行ってみることにした。ただ、なぜか昼の時間に宅急便が届くことが多いので、厚紙で看板を作ることにした。

「コパン」でサンドイッチを注文したぼくは驚いた。その場でパンをトーストし、卵を焼いたサンドイッチが絶品だったのだ。紅茶を飲みながら、ふとぼくの脳裏に一〇年ほど前、コパンに来たときのことがよみがえって

きた。あのときぼくはご近所の青年と「コパン」で語り合っていた。青年は大好きなおばあちゃんのことが気になるのだという。もうずいぶん前に召されたおばあちゃんは、キリストを信じていなかった。おばあちゃんはどうなったのか。もしおばあちゃんが滅びているなら、自分はそんな神さまなんか信じない。あんないいおばあちゃんを滅ぼすなら、ひどい神さまだから、と。

未信者の死後の運命、これは難問だ。ぼくは青年の問いに対してなんと答えるべきだったろうか。そのときは「うーん。神さまはだれにとっても納得できることをなさるんだ。本人にとってさえも」と答えたような気がする。青年は納得しなかった。「あなたのおばあちゃんが、そんなにいい人だったなら、絶対天国だよ」という返事以外は受け入れられなかったのだ。今なら、ぼくはなんと答えるだろうか。

リハビリ期間中、眠れない夜にはAmazon Primeでドラマ『空飛ぶ広報室』を見た。特にガッキーか好きというわけでもないが、最後のほんものの自衛隊員へのインタビューのところには泣けた。東日本大震災のとき、隊員たちは自分たちも被災者なのに、自分たちのことは後回しにして、救援にあたったのだ。この若者たちに福音を伝えたい、ぼくはそう思った。そして自衛隊のキリスト者の会、コルネリオ会に入会した。

本も読んだ。『LGBTと聖書の福音』がよかった。LGBTのことに限らず、ぼくたちはしっかりした足場を確保してから、人と話そうとする。聖書はLGBTを罪としているかどうか。LGBTは先天的なのかどうか。けれどもこういう問いに答えを出すことは簡単ではないし、答えが出るまでLGBTの人びとを教会の外で待たせるわけにはいかないのだ。答えのない対話、足場を探りながら愛し合うこと、そんな試みの中で、ぼくはルカくんやカナさんやその仲間たちという友を得ることになった。

やがてリハビリも終わった。すっかり傷もいえた。心配をかけたみんなのことを思うと、いつかもう一度バイクに乗りたいなどとはとても言えない。けれどもときどき、ぼくはひそかにスマホから写真を取り出して見てみる。草むらに停めたST250。そしてその上にはあくまで高いあの夏の蒼穹が。

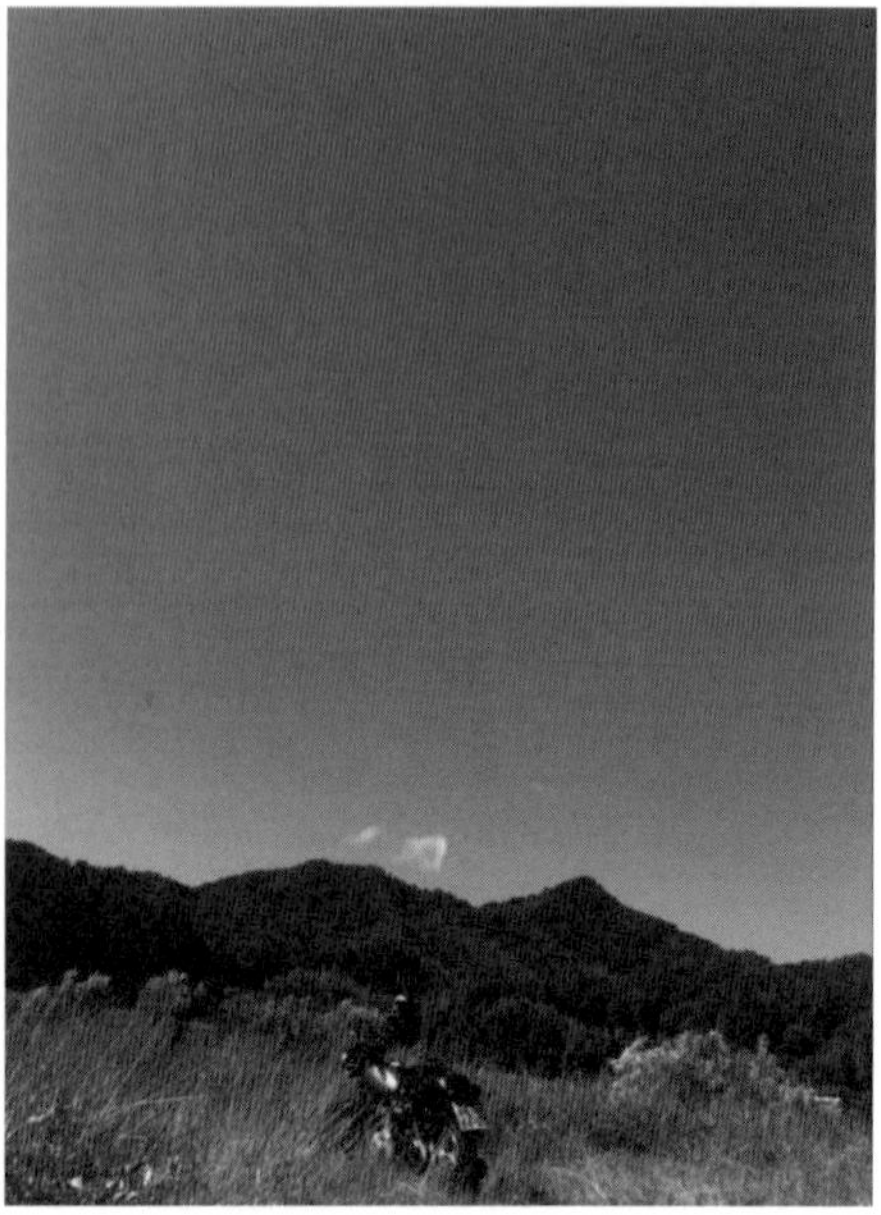

バカ！
数ヶ月後‥
復
帰
弱さをも
用いる
イエス様！

事件番号令和三年検第六××号ノ巻

ある月曜日の朝のことだ。牧師の休日はだいたい月曜日なのだが、これがつまらない。普通の友だちはみんな働いているから、遊んでくれない。これが金曜日なら有給をとる人もいるだろうが、月曜日から有給を取る人はまずいない。そんなことをすると、その週のモチベーションを維持できなくなるからだ。買い物に行こうと思っても、バーゲンは日曜日で終わっている。散髪も休み。たがら仮に牧師の野球チームが試合をしようとすると、相手は他の牧師チームか、理容組合チームに限られる。そういうわけで、焚き火をしない日の焚き火牧師の月曜日は、ゆっくりと過ぎていく。その朝もぼくはちょっと教会を片付けたり、ちょっと書きものをしたり、おいしい紅茶ダージリンを入れたりしていた。

一一時二六分、高齢の教会員から携帯に電話があった。「先生、神さまに守られました！」と言う。わけを聞くと「大手家電販売店のキューーズデンキから電話がありました。私のクレジットカードを使って、パソコンを買おうとした人を捕まえたそうです。助かりました。あとで警察からも電話があるそうです」。ぼくがなんだかよく分からないで「ほー」とか「それは！」とか言っていたら、「あ、電話です。警察からだと思います！」と電話が切れた。

一一時三五分また電話。「先生、ほんとうに守られました！　警察でした。最近ほんとうに詐欺が多いそうです。口座とか聞かれたのでみんな話しました」。ここで弛緩した月曜日のぼくのたましいがやっと起動し始めた。「犯人は近所の人かもしれないので、一時間か二時間だれにも話さないように、って。私は先生に言っちゃったけど」とあれば、なおさらのことだ。そこで「今までの電話はぜんぶ先方からですよね。一度キューズデンキか警察にこちらから電話をかけてみてください。その結果を教えてー」と頼んだ。ところが、しばらく待っても音沙汰がない。ぼくはなんだかよくない予感がし始めた。そこで教会のホンダ・フリード八人乗りに乗って教会員宅に向かった。

マンション三階の教会員宅に着くと、教会員は電話にかかりきりだった。ぼくは電話が終わるのを待つことにしてこたつに入った。ご主人がおいしいドリップ・コーヒーをいれてくれた。ご主人と話しながら、コーヒーを飲みつつ、ぼくはそこのセキセイインコを手なずけ始めた。じつは、ぼくはセキセイインコの心が分かる男だ。人からはよく「女ごころの分からん男」と言われるが、セキセイインコの心はよく分かるのだ。セキセイインコの心が分かったからといって、ほとんど役に立つことはないが。セキセイインコは柔らかいものが嫌いだ。タネとかプチプチしたものが好きなのを見れば分かる。だからインコが一番好きな人体のパーツはツメなのだ。インコに接近する時には、まず人さし指のツメを近づける。相手がクチバシを伸ばせば届くぐらいの距離まで敬意を込めて、ゆっくりと。相手にイニシアチブを取らせることだ。これは人間に近づくときも同じだ。しばらくやっていると、インコはクチバシでぼくのツメに触れる。カチカチと当てる感じだ。インコにとってこのカチカチは快感だ。相手がナメクジやろうではなく、きちんと硬い部分を持つまっとうな生き物だと認知するのだ。ここでそのカチカチというタイミングに合わせて、少し押し戻してやるといい。インコは「お、こいつは骨のあるやつだな」と思う。初対面なら、ま、ここまでだろう。どうでもいいことだが、何日か時間があれば、インコと柔らかい部分で触れ合うことが可能になってくる。うちにインコがいた時、ヤツはよくぼくの人差し指と中指の間に頭を突っ込んでいた。ぼくがヤツの頭蓋骨を指で軽く挟んで引っ張って、首を伸ばしてやるのが好きだったのだ。寒い時には、なんとぼくの口の中で寝ていたものだ。

教会員の電話はなかなか終わらない。というより、教会員が「それじゃ……」と電話を切ろうとするたびに何か引き止められている様子なのだ。ぼくは「相手はだれ?」とか「こっちからかけた電話?」とか声をかけるのだが、教会員は電話に一所懸命でそれどころではなかった。ようやく教会員が受話器から耳を話して「○○協会の人が来るそうです」と言った瞬間、ピンポンが鳴った。後から分かったことだが、これが手口なのだ。最初はキューズデンキ、次は警察、そして○○協会を名乗る者たちが次々と電話をかけてきて、話させ続け、考えるヒマを与えない。ピンポンの男を加えるとここまでに四人の男が関わる劇場型特殊詐欺だ。今回のは進化型で「あなたは詐欺から助かりました」と言ってくるのだから、なかなか手ごわい。ピンポン男が現れた時には、家の中のすべて通帳とハンコがすでにポーチに入って引き渡しを待っていたのだ。

ぼくはピンポン男を油断させるために居間から様子を見ていた。男は、預かり証がどうとか言ってなにやら書類を差し出した。そこでぼくは、スルスルっと教会員とそのご主人の間を抜けて男と向き合った。まっすぐに男の目を見て「名刺を見せて」と言ったぼくに、「名刺はありません」と男が答えたその時、ぼくはこれは詐欺だと確信した。その前ではなかったのは、これは論理的な思考の結果ではなく、直感であったことを意味している。不思議にぼくの鼓動は平常通りだった。ぼくは無言でドアのカギをかけると男の両腕をつかんだ。

ぼくはぞっとした。その腕にはまったく緊張が感じられないのだ。なんというか虚無そのものの穴に手を突っ込んだようで、いのちとか希望が感じられなかったのだ。それで気が緩んだというわけでもないのだが、ぼくの手から男はするりと腕を抜いた。男の着ていたスーツがツルツルしていたこともある。男はぼくが閉めた玄関ドアのカギをスルッと回して外へ出た。その時、ぼくはゾーンに入った。

ぼくは時々ゾーンに入ることがある。人生初のゾーンは、学生時代に友だちのケンタクから深緑色の中古のセリカリフトバック2000GTを借りて札幌の交差点でスピンした時だ。スピンしながらぼくの目には景色がスローモーションに見えたのだ。

今度も男の動きはスローモーションに見えた。ぼくはやすやすと男に追いついた。教会員の小柄なご主人が男の足にしがみついた。次の瞬間◯×？※◇！となって、男は階段の斜めのところに倒れたというか、落ちた。落下地点にぼくは瞬間移動して、男に追いつくとまたしても◯×？※◇！となって、男はもう少し下の階段に倒れたというか落ちた。そしてゾーンのぼくが追う気をなくすほど、死にものぐるいで走って逃げて行ったのだった。

その後はまるでお祭りだった。制服警官や私服警官、鑑識係などが次々に現れ、総勢一〇人ぐらいになった。ぼくと教会員と教会員のご主人がそれぞれ事情を聞かれた。ぼくの担当は部長刑事。だれかが言っていたが、部長刑事は相棒より優秀だそうだ。三〇分で解決するから。こういうことを言うのはあのクリスチャン・ブロガー川向肇氏に違いない。事情聴取されながらぼくは、スマホですばやく「部長刑事」を検索した。すると部長刑事とは巡査部長の刑事であって、刑事部長ではないことが分かった。

部長刑事とすっかり打ち解けたぼくは、ぼくの母方の祖父が兵庫県警の麻薬課長として、山口組頂上作戦を指揮し、それがテレビになって山岡なんとかという俳優が祖父役をしたことなどを話した。ちなみにこの祖父は後にクリスチャンになった。そんなことをしていると警察無線で男が逮捕されたと連絡があった。どうやら精根尽き果てて公園のベンチに座っていたらしい。職務質問に素直に罪を認めて警察署に連行されたという。一同から歓声が上がった。

そのうち、なんだかみんなが騒がしくなってきた。いろんな情報が入り乱れて事件の経緯が分からなくなってきたのだ。そこで、ぼくは立ち上がってみんなに呼びかけた。「みなさん、おつかれさまです。ここらで事件の発端からのできごとについて共通認識をもっておきましょう」。全員がノートとペンを構えた。「まず、最初はキューズデンキの〇〇を名乗る男から、この家の固定電話に電話がかかりました。それが一一時過ぎ……」。こうして、しばらくぼくが整理するとみんなはとても喜んだ。それから後、みんながぼくを「先生」と呼ぶようになった。

「先生、こちらで写真を撮ります」「先生、受け子が立っていたのはこの辺ですか？」という具合だ。写真はたくさん撮った。ぼくが教会員宅に到着したところから始まる再現写真を撮ったのだ。受け子はいないので、部長刑事が代役をした。ぼくは部長刑事を捕まえるふりをしたり、逃げる部長刑事を追いかけたりした。この日の歩数はずいぶん伸びたにちがいない。写真の最後は、ぼくと教会員と教会員のご主人と三人で撮った。ぼくたちが肩を組んでにっこり笑うと、鑑識係はすこし趣旨が違うような雰囲気をただよわせながらも、寛容にシャッターを切った。

その日、ぼくには和子さんとの約束があった。和子さんの歯に専門的な治療が必要で、コロナ禍なので自動車で送っていくことになっていたのだ。ぼくは部長刑事に「明日また来るから今日は三時に帰りますよー」と言っておいた。

すると部長刑事は、みんなよりひと足先にぼくが警察署に行くよう配慮してくれた。そこでマジックミラーで面通しをしたり、供述調書にハンコを押したりした。部長刑事が必死になって調書をタイプしてくれたのでピッタリ三時に警察署を出ることができた。

調書のタイプを待っている二〇分の間に、歌詞が降ってきた。これもときどき起こる。前にも言ったかもしれないが、ぼくは音というものがよくわからない。けれども歌詞はときどき降ってくるので、それを友だちが作曲してくれる。今までの作品としては、岩渕まこと氏作曲「神の物語」「夜明けの歌～インターロッキング音頭 ver.」。久保木聡氏と石田ひとみ氏がそれぞれ作曲した「アブラハムと神さまと星空と」、落合弘倫氏と鎌野幸氏がそれぞれ作曲の「天からのはしご」、久保木聡氏作曲の「エクソダス～栄光への脱出」、森田裕史氏作曲「OH！エクソダス」など。そのうちいくつかはJASRACに登録されている。みなYoutubeで聴くことができる。この日降ってきたのは、ぼくの第四説教集『聖なる神の聖なる民』（レビ記）のテーマソング。後に田中殉氏が名曲にしてくれた。

聖なる神の聖なる民
（折り返し）

のがれのまちに
いまはしりこめ
聖なる神のふところに抱きしめられて
ぼくらはあなたの聖なる民

一
汚れた者です　離れてくださいと
今日も悲しい叫びが響く
そんな叫びを　み声がおおい
あなたは聖いと宣べたもう

二　（折り返し）
足りない者です　もうだめだと
世界に痛みの嘆きが響く

だからわたしが　きたのだと
十字架の血で洗うと宣べたもう

三　（折り返し）
力なき者です　立てないと
望みのない日が暮れるとき
いいやわたしが　ここにいる
復活のいのちをそそぎたもう
（折り返し）

部長刑事によれば、今回の逮捕劇は理想的なケースらしい。なにせ受け子が落としていった携帯のイヤホンなど指紋のべたべたついた物証にことかかない上に、受け子の身柄は拘束され、本人が余罪を含めて自供しているというのだから。これは感謝状ものですよ、とのことだった。

そうこうしているうちに、京都地検から出頭の依頼があった。警察で話したことをもう一度確認したいということで、部長刑事によればよくあることなのだそうだ。友だちは「京都地検の女」に会えるんじゃないか、とうらやましがっていたが、ものごとはそんなにのんきには運ばない。京都市上京区新町通下長者町下る両御霊町八二番地にある地検を訪れた僕を待っていたのは京都地検の男がふたりだった。

実は今回地検を訪問するにあたって、ぼくは下調べのために今まで見たことがなかったキムタクのHEROをはじめて見た。キムタク演じる久利生公平検事と松たか子の雨宮舞子検察事務官のコンビは息ピッタリで、一心同体という感じだったが、実際、あんな風に仕事をしているのかとぼくは疑っていた。

ところが京都地検で見たのは、本当にそんな検察官と検察事務官のコンビだった。HEROの二人組のように、多くの言葉を必要としない感じがした。ぼくの正面に座った検事が質問してぼくが答える。その間、検察事務官はぼくの左側でぼくの方を向いて座って、じっと耳を澄ましている。やがて調書の作成に入ると、検察官が考えながら口にする文章を、検察事務官がすごいスピードでタイプする。ときどき、そのタイプに検察官が訂正を入れたりするので、ぼくは「これはどういうシステムになっているのですか？」と聞いてみた。答えはシンプルで、一台のパソコンに二台の画面をつなぎ、二人で同時に同じ文章を見ている、ということだった。なるほど。

やがて検察官はぼくに「最後に本件の感想を聞かせてください」と言った。ぼくはかなり感動した。この人はキムタクいや久利生公平のように目の前にいるぼくを見ている、と思った。ぼくは検事と検察事務官を交互に見ながら語り始めた。「このように高齢者をだましてお金を取り上げることは、決してゆるされることではありません」。2人はうなずく。「しかし彼らもまた、世界の歪みと破れの中で希望をなくしてしまった人びとのように思えてならないんです。犯罪の背後には、若年者に対するブラックな扱いや心がケアされないといった問題もあると思うのです」。検事がポツリと「とても難しい問題ですね」とつぶやいた。その口調にぼくの中からこみ上げるものがあった。「みなさんは正義をもたらすことによって、世界の破れをつくろっておられる。それは尊いことです」。二人はじっと聞き入っている。「そしてぼくは、またちがう方面から世界の破れをつくろっています。それぞれが置かれた場所で、きちんと責任を果たすことができるように祈ります」。

そこまで、一気に語ってぼくは辞した。エレベーターまで検察事務官が送ってくれたが、その物腰はぼくを迎えたときよりも、ずっとていねいだった。エレベーターに乗ってから、ぼくは気がついた。カバンに入れていたぼくの二冊の説教集『アブラハムと神さまと星空と』と『天からのはしご』を彼らの部屋に忘れてきたことを。これは決してわざとなんかじゃない。ほんとうにわざとじゃない。

しばらくして京都地検から封書が届いた。そこには、事件番号令和三年検第六××号が、書類送検ではなく、公判請求された、と記されていた。

バーだから
おかゆなんて‥
ないですよね
‥‥あるよ
流石に
永遠の命なんて
ないですよね
‥あるよ

ショーブルックロード一三番地ノ巻

浅い小川を意味するショーブルック。けれども英国マンチェスターのショーブルックロードには小川はない。となりのリリーばあちゃんによれば、小川は地下を流れているのだそうだ。この物語は、一九九八年から二〇〇〇年にかけて一三番地に住んだぼくたちの物語である。

三菱重工という会社で一四年の間、発電設備の営業の仕事をしていたぼくが、牧師になることにしたとき、会社の仲間たちはとても驚いたものだ。むりもない。みんなにしてみれば、「出家」みたいなものだ。世をはかなんで、ということになるわけだ。みんなが送別会をしてくれることになったが、それがだんだん増えて合わせて五〇回になった。そのうち夜だけでは足りなくなって、昼休みにもご馳走してもらうことになった。コロナなど夢にも考えなかった時代のことだ。ご馳走になるお礼に、ぼくは当時出たばかりの珍しい新改訳聖書の横書き版というのをプレゼントすることにした。その数はたしか一五〇冊にのぼったと記憶している。

さて、牧師になるためには神学校に行かなければならないということは知っていた。その時点でぼくが知っていた神学校は世界に三つ。まず、関西聖書神学校。ここで毎年ゴールデンウィークに開かれる塩屋聖会に、ぼくは皆勤だった。次にアメリカはケンタッキーのアズベリー神学校。以前ここのケネス・キングホーンという先生が、塩屋聖会の講師で来たことがあった。ぼくは当時三菱デリカという車に乗っていて、キングホーン先生を乗せてあちこち案内したものだ。その時、デリカの天井にマジックで聖句を書いてもらった。ローマ人への手紙一五章一三節「どうか、望みの神が、あなたがたを信仰によるすべての喜びと平和をもって満たし、聖霊の力によって望みにあふれさせてくださいますように」（新改訳第三版）というところだ。

ぼくの知る第三の神学校が、英国マンチェスターのナザレン神学校、略してNTCだ。これも塩屋聖会がらみ。阪神・淡路大震災のあった年、塩屋聖会は日程を短縮して一一月に開かれたが、その時の講師だったNTCの校長ハーバート・マゴニガル先生によるメッセージは何か心に響くものがあったのだ。ひとつ気になることがあった。それはマゴニガル先生が「聖霊に満たされなさい」という言葉を使ったことだ。ぼくはそれまでずっと「聖霊を受けなさい」と教えられてきた。「聖霊によってクリスチャンになるのだが、すべてのクリスチャンが聖霊を受けているわけではない」とも。そんなぼくにマゴニガル発言はさざなみを起こした。やがてこのさざなみは巨大な波へと発展していくのだが、それはまだ何年か後の話だ。

ぼくは大きな事柄ほどあまり考えてもしょうがない、と思うくせがある。小さなことならよく考えれば、コントロールできる。でも、大きなことは考えても可変要素が多すぎるのだ。そういうわけで、ぼくはいつも大きなことがらは時間をかけずに決断し、細部はそれなりに考えてきた。ある時など社内販売で三菱デリカを買いに行って、五分で契約したことがある。例のサイン入りのデリカ1500ccだ。

そんなわけでぼくはイギリスに行くことにした。和子さんもなんだかよくわからんが、行くと言ってくれた。ところで、人が留学しようとするときには、三つのハードルがある。第一は語学力だ。

留学の第一のハードルである語学力にはぼくはまったく自信がない。会社に入った時「輸出の仕事をしてみませんか?」と聞かれたのだが、「英語だめです」と言って断ったぐらいだ。実際にイギリスに行ってからも、最初は授業の二割ぐらいしか聴き取れなかった。卒業するころでも六割。卒業して二〇年たった今では、一割ぐらいだろう。それにもかかわらず、ぼくは行けばなんとかなるだろう、と思った。根拠はないが。というか、ここは行くべきだ、とささやくものがあったのだ。

問題はどうやってもぐりこむかだ。とうぜん先方はTOEICかTOEFLのスコアを要求してきた。それに対してぼくは「そんなものはない。面接で判断してほしい」と言い張った。そして面接では、相手のひと言の質問に対して、三〇分ほど一方的にあやしげなジャングリッシユで語り続けるという手に出たのだ。そういうふうに二時間ほど語り続けたところ、なんとなく合格してしまった。ただ、ぼくの次の日本人からは、この手は通じなくなった。ぼくのせいだったら、ごめん。

実際、英語には泣きたくなった。特にリスニングはほんとうに苦労した。授業中なにも分からなかった時には、後で教授を捕まえて「今日はなにも分からなかった。日本からやってきて、手ぶらで帰るわけにはいかぬ。この紙に今日の一番大事なことをjot down して(書いて)」などと頼んだりした。

英語の表現で困ったのはDLRだ。マンチェスターのナザレン神学校では教授たちを三文字で表現していた。DLRはデービッド・なんとか・レイニー博士だ。この人はカナダ人で、というか、なぜかこのイギリスの神学校にはカナダ人が多かった。だからぼくがイギリス英語だと信じているのは、実はカナダ英語なのかもしれない。レイニーは天才で、フォト・メモリーの持ち主だった。本をしばらく眺めていると、それが細部まで、そのまま記憶に残るというのだ。

ところが、この天才の授業の中で困ったことがあった。それはなにかの教説についてだったと思うのだが、レイニーはある時は「I love その教説」といいある時は「I hate その教説」と言うのだ。これに悩んだあげく、ついにぼくは「Do you love or hate その教説？」と尋ねた。しばらく押し問答をして、あっけにとられるようなことがわかった。なんとレイニーは「I love to hate その教説」と言っていたのだ。ぼくは激怒した。「なんなんだ、それは。ぼくは

love か hate か死に物狂いで聞き取ろうとしてるんだ。こんりんざい、そんなまぎらわしい表現はやめてもらいたい」と。レイニーは寛容だった。もう love to hate と言わないと約束してくれた。後には、デービッドと呼んでいいよ、とも言ってくれた。修士論文の指導もしてくれた。実は、その後デービッドの息子マークがすてきな日本人女性と結婚した。それもあって、デービッドと妻のアリソン、そしてマーク夫妻が、この教会を訪ねてきたこともある。

留学の三つのハードルの第二はアカデミックな力だ。実はぼくはちゃんと勉強したことがない。なんでもカンと度胸でこなしてきたので、系統だったものの考え方や知識はほぼない。そんな三六歳のぼくがどこまでやれるか、これはまったくの未知数だった。

ただ、そんなに長く留学するわけにもいかないので、ぼくは「M.A.in Christian Holiness」というコースに出願した。これは一年間の修士課程で、現在では存在しないが、聖化の研究に特化したものだった。ところが先方は、三年間の学士過程（B.A.）から入るようにと言う。いろいろやりとりの結果、ぼくが日本の大学で得たいくつかの単位を認めてもらうことによって、三年を二年に縮めてもらうことになった。これがよかったかどうかはわからない。けれども、最後の年には、ぼくは日本に帰りたくてたまらなかったから、まあこれが限界だったのかもしれない。どちらにしてもぼくは、済んだことはまったく考えない。失敗ばかりのぼくの人生では、振り返ると前に進む気力が失せる。現在地から出発して改善をはかるほうが実り豊かなのだ。もちろんこれが失敗の減らない原因なのかもしれないが。

留学の三つのハードルの最後は資金だ。これも心配し出すとキリがない。当時はまだユーロのない時代。イギリスの一ポンドは二〇〇円もした。今なら一〇〇円ぐらいだろうか。そもそも全部でいくらかかるかわからないし、ここでもぼくは計算をやめた。とりあえずあるだけお金を持って行って、なくなったら途中でも帰ってくればいいや、と思ったのだ。和子さんは大いに節約した。マンチェスターはイギリス第三の大きな都市だ。そのとなりにストックポートという小さな町があって、トレーバーとチェリルのハワード夫妻が住んでいる。彼らは実は、かつての日本への宣教師で、今はマンチェスターの日本人に伝道しているのだ。お連れ合いのチェリルが、毎週木曜日に和子さんを「アスダ」という巨大スーパーに連れていってくれた。

和子さんはやりくりして、なんとか和風の食事を提供してくれた。だいたいイギリスというところは食事のまずいところとされている。名物と言われる「フィッシュ・アンド・チップス」という料理にしても、なんだか巨大なたらとじゃがいものベタベタした揚げ物だし、「シェパード・パイ」にしても、名前はクリスチャンをそそるが、ミートソースにマッシュド・ポテトを乗せて焼いただけのパイで、とりえはパイの皮だけだ。売っているパンもサンドイッチ用のような茶色い薄切りで、香ばしいフランスパンにはとうてい及ばない。ドイツパンにもだ。そもそも英国では食い物の味をうんぬんすることは紳士のすることではないそうで、七つの海へ乗り出したジョン・ブル魂と言えば聞こえはよいが、やせ我慢にも聞こえる。近年では、アメリカのグルメ番組が放映されていたりして、それも様変わりのようだ。

　イギリスの物価は高い。家賃も高い。ぼくがマゴニガル校長と不動産屋に行って五分で決めたショーブルックロード一三番地Bにしても、ずいぶん高かった。日本よりもはるかに。Bというのは、一軒の家を左右対称に二つに分けた形のセミデタッチドハウスの片割れだからだ。下のはGoogle Earthから撮った実物だ。いちおう前庭と裏庭があった。前庭にはなんとも巨大ななめくじがいた。この表皮がなんだか硬くて奇妙だった。雨上がりなどはにはおびただしい数の見たくない光景が……。裏庭にはベリー類が放っておいても実をならせた。やはり高原のような国なのだ。

　和子さんはぼくの通うNTCでアルバイトもした。チャペルのクリーニングだ。ある時はぼくがマケドニア人を家に連れて帰ったことがある。ある日、NTCの食堂に行くと張り紙があった。「マケドニア人の叫びを聞け！　マケドニア人宣教師が食と住を求めています」と。

Google Earth　Map data ©2024 Google

ぼくは、これは助けてやらねばと思ったのだ。和子さんはこのボーヤン青年を受け入れ、食べさせてくれた。この話をすると、みんな和子さんは偉大だと言う。ぼくもそう思う。ちなみにこのボーヤン青年はNTCの関係者ではなかったらしい。張り紙をした男に、ボーヤンについて尋ねてみたら、よく知らんと言っていた。おおらかなものだ。

半年ほどしてボーヤン青年はどこかに行ってしまった。ほかにもスウェーデンだかノルウェーだかから来たNTCの神学生のヤンという青年も毎週一回泊まっていた。どこかの教会のユース牧師をしながら、学んでいる男で、何曜日かの夜遅くの授業があり、翌朝は朝早くに授業があって、家に帰れないということだったと思う。

いろいろ話が飛んだが、①語学力　②アカデミックな能力　③資金　という留学の三つのハードルをクリアしたのかしていないのかよくわからないままに、ぼくたちはイギリスに行くことにしたのだった。

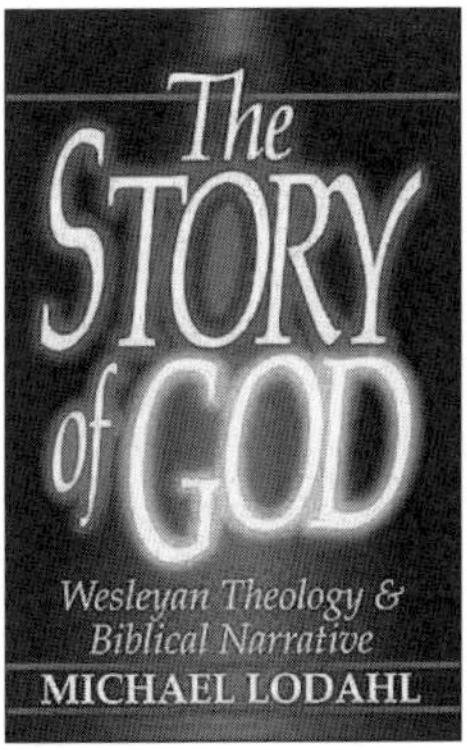

当時、ぼくは会社で主任を二つやっていた。ぼくが特に優秀だったというのではない。たまたまというか、成り行きでそうなったのだ。そんなこともあって、いきなり会社を辞めるわけにもいかないと思ったから、ひとつ上司に話して、一年後に退職することにした。その間、少し英語に慣れておこうと思って、マゴニガル校長に本を送ってくれ

るように頼んだ。しばらくして一三冊もの本が届いた。これにはぎょっとした。

その一三冊の中にはボッシュの『Transforming Mission:Paradigm Shifts in Theology of Mission』もあった。後に上下二巻で邦訳された『宣教のパラダイム転換』（いのちのことば社）だが、難しそうなので手に取ることもしなかった。一番訳しやすそうに思えたのが、カラフルな表紙のマイケル・ロダール著『The Story of God: Wesleyan Theology & Biblical Narative』だ。これについてはあちこちに書いているので省くが、いろいろな意味でぼくの人生を変えた一冊だ。けれども、そのソフトな題名と装丁にもかかわらず、これにも歯が立たなかった。英語がわからないし、内容もわからない。こんなことでほんとうに留学してだいじょうぶかと考えないでもなかったが、ま、なんとかなるだろうと思った。この根拠のない楽観はぼくの最大の長所であると同時に短所でもある。

出発の日が来て、ぼくたちは神戸三宮からバスで関空に行って、シンガポール航空に乗った。これはとにかく安い。JAL直行便の五分の一ほどだった。問題はシンガポールを経由することで、時間がJALの三倍かかるし、シンガポール空港のロビーで一晩を過ごすことになる。真冬の日本から真夏のシンガポール、そして真冬のマンチェスターに行くことになったわけだ。季節ちがいの装いで、電気炊飯器などをぶらさげたぼくらは難民のように見えなくもなかった。一九九七年三月のことだ。この年のヒット曲No.1は安室奈美恵の「CAN YOU

CELEBRATE?」だ。すでにバブルは一九九一年に崩壊していたが、二〇〇一年の九・一一テロ事件までには間がある、なんとなく歯がゆい時代と記憶している。

忘れないうちに言っておくと、ぼくたちは献血ができない。BSE（狂牛病）のせいだ。BSEにかかったわけではないのだが、この時期にイギリスにいた人間は自動的に、献血を断られるのだ。それまで毎月のように四〇〇㎖献血をしていたぼくとしては、目をふせて献血車の前を通り過ぎるのはつらいのだが、これはしかたがない。

イギリスへのビザは入国管理官の現場の判断で決まる。ぼくは『地球の歩き方』を読んで入念に準備し、NTCからの手紙や、銀行預金の残高証明書などをマンチェスター空港の管理官に見せた。すると彼は、ぼくの留学全期間中の滞在を認めるスタンプを押してくれた。あとでそれを見たNTC関係者は、いたく驚いた。なんでもこんなのは例外中の例外で、へたすると半年ぐらいしかもらえないことも多いのだそうだ。

あちらの学年は九月に始まる。ぼくの入学の条件にはそれまでに英語学校で半年学ぶこと、というのがあった。なんともおあつらえむきに、ショーブルック通りには英語学校があった。うちから一〇〇メートルほどのところだ。そこから右に五〇メートル行くと、セント・バーナーズ・ローマ・カトリック教会。その隣のセント・バーナーズ・ローマ・カトリック小学校は人気バンド「オアシス」のガラガー兄弟が通った学校で、そうとう「ノーティー」、つまりやんちゃだったというううわさだ。一三番地Bにはよくねずみが出た。ぼくはねずみとりで捕まえたねずみを殺すのがいやだったので、ここの校庭に放したものだ。

英語学校から左へ五〇メートル行くと、セント・マーガレット教会。国教会（聖公会）だ。ぼくたちは日曜日の朝はバスに乗って、NTCのチャペルに行ったが、夕拝はこのセント・マーガレットに通った。和子さんの行く美容院のリタという女性がここの教会員だった。この人の髪は見るたびに色がちがっていた。ときには虹色のときもあった。

セント・マーガレット教会には、ロンとアイリーン夫妻もいた。かなりの高齢だったが、ロンは夕拝の前になると鐘楼の鐘をついた。といっても高いところに登るわけではない。会堂の一階でロープを引っ張ると近隣に鐘が鳴り響くのだ。ロンはぼくたちにもロープを引っ張らせてくれた。ある時、アイリーンが体調を崩したことがあって、和子さんがなにか食事を持っていったことがある。日本に帰国した後も、ロンは電話や手紙をくれたものだ。

英語学校の話だった。そこにはスペインの女の子たちがたくさんいた。これが、にぎやかといったらない。とにかくずっとしゃべっている。英語はブロークンだが、そんなことはおかまいなしだ。ところが読み書きができない。ぼくとは反対だ。この学校でぼくに英語を教えてくれたのは、モリスというおじさん。なかなか熱血漢で「私は日本人にriceと言わせてlice（しらみ）に聞こえると言って笑うようなイギリス人は許さん」などと言っていた。riceもliceも「ライス」と発音するぼくには無用の気遣いではあったが。

このモリスととても印象に残る会話をしたことがある。その日、ぼくはショーブルック通り一三Bの前でモリスと立ち話をしていた。なにかの拍子にぼくが「日本人はシャイなのだ」というようなことを言った。するとモリスは図まで書いて熱く語り始めたのだ。こんな図だ。

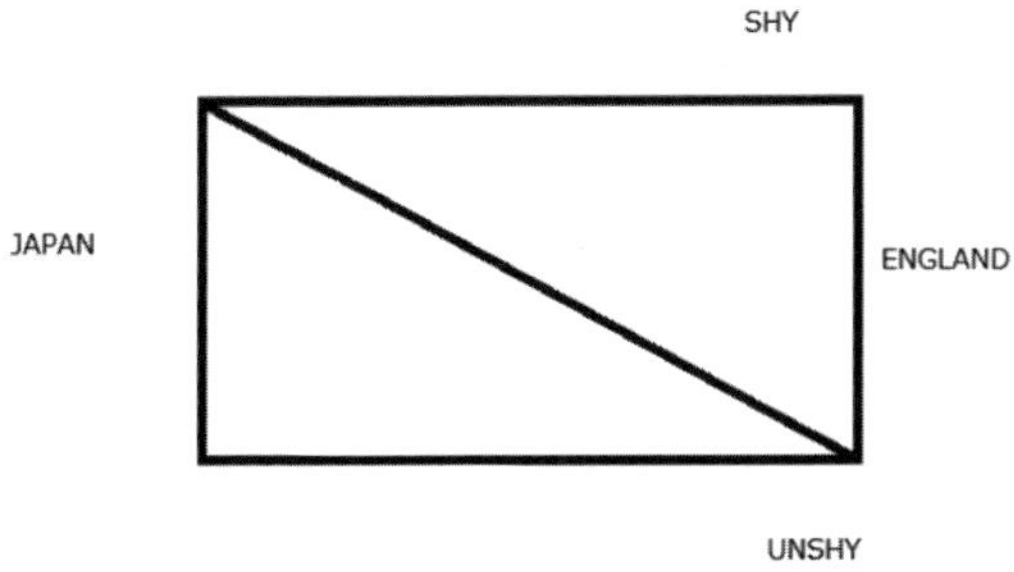

「シンイチ、あなたはまるで日本人みんながシャイのように言うが、そうではないだろう。逆にイギリス人、全員がシャイじゃないわけでもない。この図を見ろ。どの国もシャイな人とシャイじゃない人が混じり合っているんだ」とモリス。ぼくは「だから、日本人にはシャイな人の比率が多いと言いたいんだ」と言おうと思ったが、それはぼくの英語力を超えていたのであきらめた。それよりも「日本人はシャイ」というひと言を、ただのあいさつ代わりの世間話と受け流さずに、議論を始めるメンタリティーに興味をひかれた。そこで「イギリス人は、みんなモリスみたいなのか?」と聞いて、すぐに後悔した。「シンイチ、あなたはまるでイギリス人みんなが……」と始まったからだ。この英語学校には半年行く予定だったが、三カ月でやめた。けっこう高かったし、授業の内容があまりに一般的で、役に立ちそうになかったからだ。

そこで、ぼくは入学前ではあったが、なんとなくNTCにもぐりこんで、そこで話される英語や神学用語に慣れようと思った。さっきも言ったが、当時のNTCでは教授たちを表記するそれぞれの記号があった。

歴史神学を教える校長のマゴニガル博士はHMG。Herbert McGonigleから三文字とったわけだ。アイルランド人だ。アカデミック・ディーン（学監）のブロワー博士はKEB。Kentなんとか Browerだ。これを書いている二〇二一年現在の校長は、娘のデイドリDeirdreだ。ブロワー博士は、新約の専門家でそうとうな業績を持つようだった。この人は一年の半分はひげぼうぼうなのだが、年に一度イースターの朝にひげを剃ってつるつるになった。それから、またひげを生やすのだった。

ちなみにあちらで相手の名を呼ぶときは微妙な空気がある。例えばDMC（デービッド・マッカーラク）は「デービッド」なのだが、DDS（ドワイト・スワンソン）は「ドクター・スワンソン」なのだ。あるとき、DLR（デービッド・レイニー）にその区別を聞いてみたことがある。DLRは「相手がファーストネームで呼んでいいよ」と言ったら、と答えた。ぼくはDLRのことを前から「デービッド」と呼んでいたのだが、そのことについては深く追及しないことにした。なんとなく博士号を持っているかどうか、かなと思っていたのだが、DLRは博士だったから、そうでもないのかもしれない。

空気と書いたが、イギリス人はとても繊細だ。がさつな日本人のぼくよりもずっと細やかに心配りをする。これには、びっくりだった。外国人はあけっぴろげで無神経というのはステレオタイプな誤りだろう。例えばショーブルック通り一三番地Bの我が家には、隣のAとの間に生垣があった。この生垣が伸びる。するとお隣さんが、「はさみを貸してあげましょうか？」と言うのだ。つまり、見苦しいから刈り込め、というわけだ。ぼくが「じゃ、貸して」と言ったら、町内の倉庫に共用の電気バリカンがあると教えてくれた。実はこのときは、借りたバリカンの電源コードを切断してしまった。恐縮して謝りにいくと、係の人が、保険に入っているから心配するな、と言ってくれた。さすがは園芸大国イギリスである。

このDDSとは最近から急にやりとりが増えた。断捨離をしていて「The Flame Magagine」という古い雑誌を発見したのだ。これはクォータリー・マガジン、すなわち年に四回発行される季刊誌で、聖書的聖化を広めることをスローガンにうたっている。ぼくがイギリスにいたころ、NTCの教授たちがこれに「Re-minting Christian Holiness」というシリーズを連載していたのだ。「Re-minting」というのは再検証、再構築とでも訳すのだろうか。要するに聖化についてもう一度、考えようというのだ。二〇年も前の記事なのだが、読んでみると、これがいいのだ。

そこで、いのちのことば社の「根ぢい」こと根田祥一理事に話して、翻訳・出版することにした。ただ翻訳というのはほんとうにたいへんなのだ。前回の「神の物語」は一〇年かかった。そこで、今回は全五一章の翻訳者を募集することにした。いろんな教団の若手から。これによっていろいろな教団で同時進行的にムーブメントが起こることを期待したのと、あわせて若手の人々の活躍の場を提供したいとも思ったのだ（二〇人近い人々が今、がんばってくれて二〇二二年九月「聖化の再発見」として上下二巻で出版された）。

で、この本に載せる「日本語版のための序文」をDDSに頼んだのだ。またぼくの翻訳のスタイルは徹底的に、著者の意図を尋ね、分かりにくい文章は書き直してもらう、というスタイルだ。DDSほかNTCの教授たちは、毎日のようにぼくの質問メールの対応をしてくれた。

デービッド・レイニー（DLR）については、すでに少し書いた。この人は組織神学の教授だ。「セオロジー」といえば組織神学のことを指すのだが、実際には四つの分野がある。組織神学、聖書神学、歴史神学、牧会神学だ。ぼくにはとても全部は無理だと思ったので、聖書神学を重点的にやった。DLRはカナダ人でお連れ合いのアリソンの旧姓はブロワーで、前述したKEBの妹だ。つまりカナダからブロワー一家とレイニー一家が来ているわけだ。神学生の中には、NTCはファミリー・ビジネスなんだ、と言っている者もいた。けれどもそんな者たちにもブロワー&レイニーのすばらしさを疑う人はいなかった。

そういえば、教授たちは日曜日、ぼくたち留学生をよく昼食に招いてくれた。招待が重なることはなかったから、今から考えると話し合いで順番を決めていたのだろう。日曜日の礼拝をNTCのチャペルで守ると、彼らの家に行く。するとロースト・ポークかロースト・ターキーがオーブンの中でできている。礼拝に行く前に、ほうりこんでおくと帰るころには焼けているというわけだ。

ランチの後は語り合いのときが続く。これはなかなかに楽しいときでもあるのだが、たいへんでもあった。ぼくなどはもう英語にはうんざりしていることがあったのだ。デザートにはトライフルなんかが出た。トライフルは「つまらないもの」という意味だが、つまらないどころではない。とても美味だ。カスタードやスポンジケーキ、フルーツなどを器のなかで層状に重ねたもので、和子さんはそのレシピをマスターした。

そして、ゴードン・ジェームス・トマス（GJT）だ。彼のことをなんと言ったらいいだろうか。ゴードンはぼくの人生の最初のメンターにして最大の神学教師、そして何より親友だったのだ。家族と言えるかもしれない。というのは、マンチェスターでの最後の一年、ぼくの家族が日本に帰ることになったので、ぼくは下宿先を探そうかと考えていた。するとゴードンが、実は自分は家を一軒持っている、と言うのだ。ゴードンはステューデント・ディーン（舎監）なのでNTCの中に住んでいた。お連れ合いのベティ＝メイと息子のギデオン、娘のアビゲイルと。それでその持ち家のほうには、ゴードンのお母さんが住んでいたのだ。

このお母さんの名前が、なんとベティ＝メイなのだ。ゴードンにベティ＝メイって、よくある名前なのかと聞いたことがある。答は、「ノー」だった。ゴードンが知っているベティ＝メイはこの二人だけなのだそうだ。二人を区別するために、ぼくたちはお連れ合いをベティ＝メイ、お母さんをミセス・トマスと呼んでいた。

こうしてぼくは、ミセス・トマスの隣の部屋で暮らすことになった。夕食はミセス・トマスが作ってくれた。日本人は魚が好きだろう、と時々よくわからない魚が出たが、なんでもおいしくいただいた。おかわりしないと悪いかなー、と思って食べ過ぎたこともあった。「食べすぎて気持ち悪いー」と言うと、「子どもみたいだ」と言って笑っていた。この家、たしかレベンシュームという駅の近くだったが、そこに母方の従弟の飯田岳が訪ねて来たことがある。その時のことを、本人に語ってもらおう。

第一ハードル　語学
第二ハードル　アカデミック力
第三ハードル　資産力
でも本当は
二人三脚でした。

飯田岳ノ巻

大頭眞一の母方の従兄弟の飯田岳です。大頭家と飯田家は、今や親戚の中でも、とても近い間柄になりました。関西と関東に分かれて場所は遠いのですが、信仰の面で心がつながっています。

私の母の姉・大頭恵子（眞一兄さんの母であり、私にとっては叔母）が初穂というか、私たち一族にとって最初のクリスチャンです。彼女が信仰をもったのは今から六〇年以上前になります。私の母が、彼女に伝道されて救われたことが、我が飯田家に福音がやってきた最初です。

私が高校生だった時に、初めて母が食卓で祈った日の衝撃は忘れられません。「お母さん、神さまを信じてクリスチャンになったから祈るわ。愛する天のお父さま……」。当時、私は一六歳。三歳年上の兄と、同じく三歳下の妹がいます。一九歳、一六歳、一三歳のティーンエイジの子どもたちが呆気にとられている中、母は祈りを終えました。信仰の世界とはまったく関係のなかった家庭です。今思い返すと、きっと母は意を決して祈ることにしたのでしょう。反応が悪かった当時のことを、母に申し訳なく思うことです。母はしばらくして、子どもたちの前で祈ることは少なくなりました。私は高校卒業と同時に、実家を離れて札幌で一人暮らしを始め、母の信仰について知る機会はますますなくなりました。

それから時は流れ、二〇〇〇年の春のことでした。私はもうすぐ北大の大学院を卒業して、東京に戻って就職することが決まっていました。

その卒業の春に、記念にイギリスの眞一兄さんのところに遊びに行こうと思いついたのです。イギリスのマンチェスターといえば、サッカーでしか名前を聞いたことがありませんでした。マンチェスターにある、英国ナザレン神学校（NTC）に眞一兄さんは留学しており、三菱重工をやめて牧師になる、と聞いていました。

数年前に、札幌宛てに母から手紙をもらい、「眞ちゃんは献身といって、神さまにすべて捧げて牧師になることを目指します。これはとても尊いことで……」という主旨のことが書かれてありました。私には「献身」という言葉をキリスト教の文脈で初めて聞いたのですが、心に残っていました。

私はイギリスに行くことにしました。札幌から眞一兄さんに電話をして話しました。「眞一兄さん、神父になるんだって？ 遊びに行っていい？」と言って、「神父じゃない、牧師だよ」と言われたことを覚えています。私は牧師と神父の違いも知らなければ、教会に一度も行ったこともない、聖書を読んだこともない、二四歳の青年でした。

その時はよく分かっていなかったのですが、眞一兄さんは三年間の留学を終えようとする、締めくくりの時でした。家族はひと足早く日本に帰国させて、ひとりイギリスに残っていました。そして指導教官であり最大の恩師であるゴードン・トマス教授の母親、ベティ＝メイ・トマス、通称「ミセス・トマス」の家に下宿していました。このミセス・トマスの家に、私も三週間ホームステイすることになったのです。そして、この三週間が、私の人生を永遠に変えてしまうきっかけになりました。

私はマンチェスターを拠点として三週間、ロンドンやスコットランドなど、各地に観光旅行をするつもりで行きました。語学の勉強を兼ねて、見聞を広めるつもりでした。しかし、マンチェスターでの暮らしが楽しくて、ロンドンに一人で行ったのは数日間となり、その他ほとんどの日程を眞一兄さんと行動を共にすることにしました。

いろいろな友人を紹介され、それぞれのご家庭に招かれて食事をごちそうになり、果ては図々しくも神学校の授業に参加しました。大教室で学部生がたくさんいる授業では、眞一兄さんは大きな声でジョークを飛ばす、人気者のように見えました。カフェテリアでも、図書室でも、どこでも「ハイ、シンイチ!」と声をかけられるのです。私も「シンイチの従弟で、日本から来たタカシ」として覚えられ、話しかけてくれる教授や学生が何人かできました。

大学全体の雰囲気は、とても魅力的でした。オックスフォード大学のクライスト・チャーチ・カレッジは、映画「ハリー・ポッター」のホグワーツ魔法学校の撮影現場になったそうですが、NTCも私から見ればホグワーツのような趣きがあります。イギリス的な古風な雰囲気なのです。静かで穏やかな空気が、学校全体を覆っていました。

授業に参加したといっても、当時は英語の能力も乏しければ、何よりキリスト教自体を知らないので、授業はよく分かりませんでした。しかし、私はそれでも楽しかったのです。興味深いのは、授業の合間にみんなでカフェテリアに移動して、コーヒーを飲むのです。そこでコーヒーを飲みながら、授業で学んだことについてディスカッションの続きをします。私はその会話に参加したくて、それが楽しくて、がんばりました。

眞一兄さんの親友ポール・ウィルキンソンに、私が覚えたての知識で質問しては、彼がやさしく丁寧に答えてくれました。NTCで習った言葉に「燃える学識」(スカラシップ・オン・ファイアー)という言葉があります。その名前の通り、穏やかで静かだけど熱がある。そんな雰囲気の中で私は神について、キリスト教について、自由に対話をして、多くのことを教えてもらったのです。積極的すぎて恥ずかしいのですが、少人数のゼミにもついていき(まだ神さまを信じてもいなかったのに!)、的外れな発言さえしました。しかし周りに嫌な顔一つされませんでしたし、眞一兄さんはずっと私に付き合ってくれました。

ミセス・トマスの家では、眞一兄さんと毎晩、キリスト教信仰の話をしました。イギリスに着いた初日の夜に「さあ始めるか……」と兄さんが言い、神学談議が始まりました。二人で台所に行ってドーナツをいくつか紙皿に乗せ、コーヒーを入れ、兄さんの部屋に引き上げます。「キリスト教信仰とは、宗教教義の集積ではない。むしろ本質は、キリストとの出会い、キリストとの曇りなきリレーションシップなんだ」と兄さんの話が始まりました。神学談義はとても楽しかったです。毎晩二、三時間はあっという間に過ぎてしまいます。私の知的好奇心は刺激され、また初めて聞くキリスト教信仰の教理の概念に心がワクワクしました。

「出会いとリレーションシップ」という言葉は、三週間の滞在中、二人の間の「合言葉」のようになりました。眞一兄さんは当時、断食についてのエッセイを書いていました。兄さんが「クリスチャンも断食はする、しかし修行のために、自らがより聖くなるために断食をするのではない。なぜなら……」というと、私の方が「むしろ本質は、キリストとの出会い、キリストとの曇りなきリレーションシップだからね」と答えるのです。

数日すると私も慣れたもので、すっかりこの概念になじんでいきました。私にとって、「キリストとの曇りなきリレーションシップ」というキリスト教理解は新鮮に響きました。自分がこれまで持っていたキリスト教に対するイメージが、ステレオタイプでつまらなく味気ないものに思えました。

兄さんは三年間の留学の最終段階で、心身共に充実し、余裕と共に鋭さがありました。神について、聖書について、人生について、世界について、彼が論じる世界は、非常に魅力的に思えたのです。

ミセス・トマスは、私を三週間住まわせてくれました。敬虔で、思慮深さと知恵に富んだ女性でした。彼女の霊的な感化は素晴らしいものがありました。実際に学生たちから慕われ、眞一兄さんの他にも多くの若者がミセスの家に下宿していたのです。私の実の兄もマンチェスターに来てお世話になっているのですが、ミセス・トマスには特別な印象が残っていると言います。少し会ったら、誰もが忘れられない人なのです。

ミセス・トマスは膝と喉と目に、手術を経験し、身体のあちこちに不調を抱えていました。私が下宿したその前年に、夫君を天に送っていましたが、眞一兄さんはミセスの心境について、「夫と地上で会えなくなったことは悲しいが、天国でまた会えると知っているから、喜びなんだ」と言っていた、と教えてくれました。神を信じていない私には不思議な話でしたが、ミセスならば本当にそうなのだろうと思えました。

身体の不調についての愚痴を聞くことはありませんでした。一度食卓で、「うーん、テレビの調子が悪くなったらけっとばして直すんだけど、自分の膝は蹴飛ばせないから困っているんだよ」と言ったことがあり、三人で笑いました。イギリス式のユーモアとも言えるし、心配する人の気持ちをかえって軽くするような、心遣いのようなものを感じたのでした。

私はミセス・トマスについて、「素敵な人だな、こんな生き方があるのだな」と感心と憧れを感じましたが、同時に「不思議だな」とずっと思っていました。どうしてこの人はこういう言動をするのだろう、という不思議さです。親切だけれども、おせっかいすぎず、付かず離れず、とても良い距離感を保ってくれる。優しい言葉がけをしてくれるけれども、無理している様子もなく、むしろ自然な様子でそこにいるだけという感じ。自分の体調や現状について、たいへんなことはあるだろうけれども不平不満や愚痴はなく、かと言って耐えて我慢しているという風情でもない。

ミセス・トマスの敬虔さと聖さは、それこそ「キリストとの曇りなきリレーションシップ」から来るものなのですが、そこまでは理解できずに、私の目には不思議なものとして映ったのでした。

私はこの三週間のイギリス滞在によって信仰を持つことになるのですが、その中でも小さなきっかけのようなことがありました。もしこの出来事がなかったら、私は「良い人たちがいたなぁ」「クリスチャンっていいものだなぁ」で終わっていたのかもしれません。

ミセス・トマスはこれまで述べてきたとおり素敵なクリスチャンでしたが、一つ変わった癖がありました。それは、早朝から歌を歌うという癖です。時には、掃除機をかけながら歌います。三週間の楽しいイギリス滞在も終わりに近づき、確か日本に帰る前日だったと思います。私は、彼女に聞いてみました。「あなたはなぜこんなに朝早くから、歌なんか歌うんですか?」。

ミセス・トマスには夜眠れない時がありました。手術した膝が痛んで、眠れない。そんな時はじっと横になって体を休めながら、朝を待つ他ないというのです。まずいことを聞いてしまったと思いました。しかしその時、彼女は言ったのです。「でもね、朝になると、鳥がキュートな声で歌い出すんだよ。それで私もつい嬉しくなって、歌い出してしまうんだよ」。

眞一兄さんに後で聞いたところ、ミセス・トマスが歌っていたのは賛美歌でした。私はその言葉を聞いた時、とても驚きました。想像してみたのです。夜に、眠れないほどに自分の膝が痛む。

そして夜がしらじらと明けてくる。そんな日の朝に、ミセス・トマスの心に浮かんだことは、「ああ、なんで自分がこんな目に……」という不平や愚痴ではありませんでした。

彼女は鳥たちの鳴き声を聞いた時に、それらを造られた神を想い、自らも神に造られた存在であることを想いました。そして、愛され、生かされていることを想ったのです。その時、彼女の内側から喜びがあふれてきて、賛美が口から出てきたのです。

私はとても驚きました。「そんなことって、あるのか……?」そんな信仰の世界があるのか。そして驚きと同時に、「分かった!」という思いにもなりました。ミセス・トマスの敬虔さと誰もが慕う人間性、どうしてこの人はこういう言動をするのだろう、と不思議に思ってきた謎が、解けたような気がしたのです。

変な言い方ですが、私はこう考えました。「この人は、本当に、神さまを信じているんだ」。いや、信じているというよりも、眞一兄さん風に言えば、「この人は神さまと出会っている! この人は神さまが居る世界に、生きているんだ!」。

これが私のキリスト教信仰との出会いになりました。私は眞一兄さんに導かれて、生まれて初めてのお祈りをすることになります。「イエスさま、あなたを信じます。あなたの十字架を信じます。私の罪を赦してください」。教えられるままにささげたこの祈りが、私の最初の祈りになりました。

あれから二〇年以上の歳月が流れました。ミセス・トマスは私の滞在の翌年、天に召されました。最後に話したのは、日本の神戸から眞一兄さんと共に電話をかけた時です。「ソーリー、ぼくはまた英語を忘れてしまって……」としどろもどろに言ったら、ミセスは「ああ、私も日本語を忘れてしまって、すまないねぇ」とイギリス式のユーモアで優しく言いました。そして最後に聞いた声は、「Good bye, good bye, good bye」という三回ゆっくり繰り返した言葉でした。「Good bye」の語源は「God Bless You」。私には、生涯忘れえぬ祝祷です。

眞一兄さんは英国ナザレン神学校（NTC）での学びを終え、日本の神学校も卒業して牧師になり、京都で教会に仕えています。私自身も七年間サラリーマンとして働いた後に献身し、東京で牧師として教会に仕えています。状況や立場は変わったかもしれませんが、しかし私の原点は、いつまで経ってもあの三週間にあるのです。兄さんと、NTCの愛すべき兄弟姉妹と先生方、そしてミセス・トマス。何より、主イエス・キリストに出会った三週間です。

（いいだ・たかし＝東京フリーメソジスト教団南大沢チャペル牧師）

Good morning タカシ！
イエス様はすばらしい！
目に見えないイエス様はミセス・トマスの賛美とスマイルの中におられた。
イエス様を信じます。

新たな旅立ちノ巻

『キリスト新聞』連載「大頭眞一の『焚き火』日記」が始まったのは、二〇一九年七月一日で終わったのが二〇二二年四月一一日。まだまだ書くことはある。英国ナザレン神学校で研究した共同体的（⟷個人主義的）で関係論的（⟷体験的）かつ生物学的（⟷意思的）聖化のことも書きたい。けれどもこれは『聖化の再発見』に譲ろう。関西聖書神学校で講じているキリスト教会の壮大な物語もぜひ紹介したい。しかしこれも、ヨベル社の『教会の物語』上下二巻に委ねよう。また最近、関心を持っている公共神学にも触れないわけにはいかない。それでもこれは、ヨベル社の『焚き火牧師と神の国のひみつ』が語ってくれるだろう。

思えばこの間、さまざまなことがあった。コロナ禍が世界を覆い、多くの人々が倒れた。新しい礼拝スタイルと教会の形が模索され、仲間も増えた。中でもぼくが代表をつとめる「焚き火塾」と「凸凹神学会」はオンライン化によって、大きな広がりと豊かな実を結びつつある。コロナ禍の奇妙な時間の流れの中で、いろいろな人々がぼくの日常に現れ、そして消えていった。「〇〇こ星人」、「令和三年検第六××号事件」の被告、ST250……。そして火山先生が召されてしまった。『焚き火牧師と神の国のひみつ』は火山先生に献げるつもりだ。

そそ、二〇二二年、ぼくはちがう町から引っ越した。新たな旅立ちだ。「焚き火」日記は、これにてひとまず幕を閉じるが、人生は続く。みんな、いつかまた、どこかで。それまで元気で。

二〇二四年二月　大頭眞一

大頭 眞一（おおず・しんいち）
1960 年神戸市生まれ。北海道大学経済学部卒業後、三菱重工に勤務。英国マンチェスターのナザレン・セオロジカル・カレッジ（BA、MA）と関西聖書神学校で学ぶ。日本イエス・キリスト教団香登教会伝道師・副牧師を経て、現在、京都市北区の京都信愛教会と、京都府八幡市の明野キリスト教会牧師。関西聖書神学校講師。
主な著書：『聖書は物語る　一年 12 回で聖書を読む本』（2013、2020）、『聖書はさらに物語る　一年 12 回で聖書を読む本』（2015、2019）、焚き火を囲んで聴く神の物語・説教篇❶『アブラハムと神さまと星空と ― 創世記・上 ―』❷『天からのはしご ― 創世記・下 ―❸『栄光への脱出 出エジプト記』❹『聖なる神の聖なる民 レビ記❺『何度でも何度でも何度でも愛 民数記❻『えらべ 、いのちを 申命記・上』（2019 年～）
共著：『焚き火を囲んで聴く神の物語・対話篇―大頭眞一と焚き火を囲む仲間たち』（以上ヨベル、2017）
主な訳書：マイケル・ロダール『神の物語』（日本聖化協力会出版委員会、2011、2012）、マイケル・ロダール『神の物語　上・下』（ヨベル新書、2017 ）

マンガ：**仁科優一**
1998 年生まれ。兵庫県出身。牧師家庭に生まれ育ち、小学校 6 年生のときに受洗。2021 年に大阪芸術大学を卒業し、現在は神の愛とはなんぞや…と常に悩み、どんなに離れてもいつの間にか呼び戻される神の力強さに感謝する日々を送っている。与えられた賜物を活かし、イエス様の愛と力強さを伝えられるイラストレーターを目指し、日々格闘中である。

マンガ原案：**仁科早苗**
子どもの時からエンターテイメントが好き。歌ったり踊ったりしながら子育てした。それがきっかけかは不明だが、長女は演劇、長男はイラスト、次男は音楽、次女は保育に興味を持ってくれた。こども達にはそれらを生かして神様と一緒に生きて欲しいと願ってる母。教会の Twitter に長男と考えた 4 コマ漫画をあげていたら今回の挿絵の依頼を受けた。興味があることは発達心理学。
日本イエス・キリスト教団灘教会牧師

牧師・大頭の「焚き火」日記

2024年3月31日　第1版第1刷発行

著者　大頭眞一

発行所　株式会社キリスト新聞社

〒162-0814　東京都新宿区新小川町9-1
電話 03-5579-2432
URL. http://www.kirishin.com
E-Mail. support@kirishin.com
印刷所　新生宣教団

ISBN978-4-87395-818-7　C0016（日キ販）

大頭眞一の本

「聖化の再発見」上下巻セット　各税込み 2,200 円　2022 年 いのちのことば社

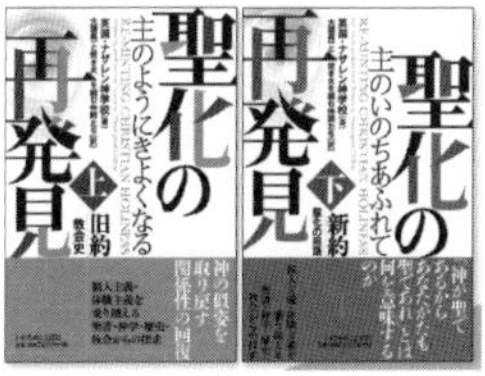

「キリスト者の完全」教理と生活のギャップを乗り越えるしばしば個人的な「きよめの体験」として扱われてきたホーリネスを聖書に照らして吟味・再考する。英国・ナザレン神学校の教授たちが共同で聖書的・神学的・教会史的・牧会的に省察した論考を初の邦訳。体験主義の偏りを修正し聖性の豊かさを発見する。上巻は神の似姿を取り戻す、関係性の回復がテーマ。下巻では「神が聖であるから あなたがたも聖であれ」とは何を意味するのかを問う。

「いのち果てるとも」（申命記・下）　税込み 1,210 円　2023 年　ヨベル

神に愛されていないのでは ...... と悩み苦しむ現代人に向かって、「私もあなたに愛して欲しい。あなたの愛が欲しいのだ」と妬むまでに懇願して いる聖書の神を指し示してきたパスター・オオズ。人一倍の渇愛ボクシ だからこそ (?) 感得できた申命記の〈読み〉も最終章へ！全 8 冊目完成！

「神さまの宝もの」（申命記・中）　税込み 1,210 円　2023 年　ヨベル

禁忌があるのは人を縛るためじゃない。新しいいのちに向かって解き放つため。フクロウは食べないけれどウナ丼は大好き。イワダヌキに縁はないが、豚肩ロースは食べちゃだめですか？ツッコミどころ満載の食物規定の箇所を、現代の聖書料理人を自認するパスター･オオズ、さあ、どう料理する！？「申命記」講解、白熱の 2 回戦。第 7 冊目！

「えらべ、いのちを」（申命記・上）　税込み 1,210 円　2021 年　ヨベル

「生きよ！」と土に息を吹きかけた神が人生の荒野でも後を追いかけてくる。クリスチャンは「年中工事中」。見苦しくても、穴ぼこだらけでも、神によって始められてしまったリニューアル人生の途上に変わりはない。パスター“ コウジチュウ ”オオズの、説教前夜の呻吟ぶりを垣間見せつつも「申命記」を現代にフワッと引き寄せてしまう講解説教。第 6 冊目！

「何度でも 何度でも 何度でも 愛」（民数記）　第二刷 税込み 1,210 円　2021

肉やニラが食べたいと泣き叫ぶ民と、殺してくれと叫ぶモーセ。さて、神は？民の怒りとモーセの憤りと神の忿怒が三つ巴で交錯する生の現場である“荒野”。その困難のただ中で“恵み”はいかにして語り得るのか。批判は覚悟の上、あえて恵みの生一本で行くと思わず口走ってしまったパスター・オオズの現代に生きる民数記講解。

「聖なる神の聖なる民」（レビ記）　税込み 1,210 円　2021 年　ヨベル

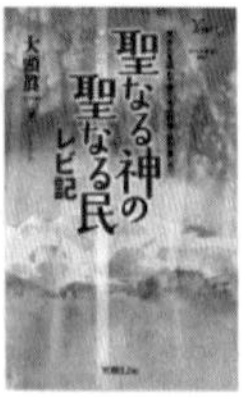

「聖者」って、“きよい”っていうよりか、はみ出すほどに激しく愛しちゃう人。ここに描かれているのは何と人間的な神さまでしょうか。「冒涜」とさえ言えるほどに人間的な神さま。でも、よく考えれば神さまは真に人間的なお方であるはず。だってむしろ私たちが神さまのかたちに似せて作られているのだから。神さまと私たちが全然違っているという圧倒的な差異だけを強調すると、それこそみ言葉に否と言うことになるのかもしれません。（「解説」より。）

「栄光への脱出」（出エジプト記）　税込み 1,210 円　2021 年　ヨベル

神はねたみ深く、民のうなじはコワい。この旅、とても他人事とは思えない。脱出する、荒野をさまよう、約束の地をめざす……。3500 年前の神の民の旅路は、世界的危機の時代に生きる私たちにとって無視できない鮮烈な表象に満ちている。それを現代人の生き様に定着させんと激闘するパスター・オオズの《読む》説教、進撃の旧約第三弾。

「天からのはしご」（創世記・下）　第二刷　税込み 1,210 円　2020 年　ヨベル

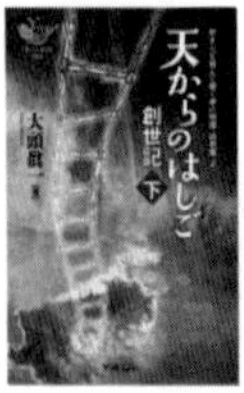

哭き叫ぶ、夢を見る、格闘する…。体を張って神と向き合う姿こそ範。八方ふさがりなどん底のただ中に降ろされた天からの梯子の表象は現代の私たちに何を物語るのか…。死地に活路を見い出しながら波乱の人生を生き抜いた信仰の始祖たちに聴く、パスター・オオズによる創世記講解の第２弾。

「アブラハムと神さまと星空と」

第二刷　税込み 1,210 円　2019 年、2020 年二刷　ヨベル

「しぶとく、諦めず、棄てない」神がずっと私を追ってくる。毎週の講壇から実際に語られた礼拝説教。話され、聴き届けられたことばの持つリズムと生命感をそのままに書き起こすことで「聴く」説教集が出来上がった。「モーセ五書」講解に挑んだ著者の全８巻に亘る刊行が創世記（上）からスタート。

「焚き火を囲んで聴く神の物語・聖書信仰篇」

キンドル版 500 円　紙版 1,200 円 + 税・送料　2021 年

Bridge Over Troubled water！ 福音派ののど元のあいくちとも言える聖書信仰問題。物語を説教で語るという切り口で逆巻く水に橋を架ける試み。クラウド・ファンディングを募り、ライフ・ストラー企画によって製作されたこの本は、キンドルでの電子書籍と紙版の二種でお求めになります。久保木聡、古川和男、関真士、豊田信行、濱和弘の諸師が寄稿。紙版購入は https://life-storier.com/?page_id=911

「聖書は物語る」 第八刷　税込み 1,210 円　2013 年、2023 年八刷　ヨベル

聖書は何を語っているのか？
一度は聖書を読んでおきたいと思うけれども、挫折してしまうあなたに。明野キリスト教会（京都）で好評開催中の「一年 12 回で聖書を読む会」のテキストが本になりました。聖書の背骨のような神と人とのガチンコの関係に焦点を当てて書かれた、かっこうの聖書案内役です。

「聖書はさらに物語る」 第四刷　税込み 1,210 円　2015 年、2019 年 四刷　ヨベル

神と人とがガチンコに向き合っている聖書！
「聖書の奇跡はほんとうに起こったのか？」「聖絶は史実か？」「自然災害は神の裁きか？」「一神教はなぜ戦争をするのか？」など、聖書に取り組む時に沸き起こってくる疑問にも真摯に答えつつ聖書の全体像をわかりやすく概説。「一年 12 回で聖書を読む会」第２年目の学びを集成。現代人が聖書に向き合うことを励ましてくれるハンディ・ガイドブック。好評を博した『聖書は物語る』に続く第２弾。

「焚き火を囲んで聴く神の物語・対話篇」 税込み 2,750 円　2017 年　ヨベル

神という巨象をなでてみよう。仲間と、焚き火を囲みながら。
月刊誌『舟の右側』に連載（2016.1 ～ 12 月）され、反響を起こした《焚き火を囲んで聴く神の物語》を対話篇として 12 の焚き火に 12 人の仲間たちが応答を書き下ろし！ 12 人の仲間たちとは、高橋秀典・水谷潔・久下倫生・中村佐知・山崎ランサム和彦・川向肇・豊田信行・上沼昌雄・吉川直美・古川和男・大坂太郎・久保木聡の諸氏。

ロダール「神の物語」（上・下）

税込み（各）1,540 円　2017 年　ヨベル　（ハードカバーは 2011、2012 二刷）

待望のウェスレアン神学概論！藤本満氏推薦（高津キリスト教会牧師）独特な魅力があふれている本です。キリスト教神学の全体を、創世記に始まって黙示録まで聖書を、物語ることによって説明してくれるからです。ロダール博士は聖書の物語に慣れ親しんでいる私たちに、「難しい神学も、こうして読むと心に届くよ」と言わんばかりに、説教をするかのように、聖書を解き明かしながら、神学の本題・神学の課題へと私たちを導き、連れて行ってくれます。

「焚き火を囲んで聴くキリスト教入門」

税込み 1,430 円　2023 年　いのちのことば社

「百万人の福音」連載中の神学対談からのセレクション。今回の仲間たちは、濵和弘・鎌野直人・昌川信雄・松島雄一・山崎ランサム和彦・南野浩則・安黒務・豊田信行・川上直哉・金井由嗣・岩上敬人・中村佐知・小渕朝子・早矢仕宗伯・手島勲矢・内田樹・稲垣久和・高橋秀典・城倉由布子など。

「聖化の再発見　ジパング編」 税込み 1,870 円　2024 年　ヨベル

「先生の周りできよめで困っている人というのはあるでしょうか。」えっ、いきなり、そこですか？！こちらがたじろぐ直球でズバズバ切り込み、現代に生きるキリスト者の聖化（きよめ）の問題を生活の最前線で解明せんと欲す。好評を博した『聖化の再発見』を日本に根づかせる希望の模索が〈ジパング篇〉へと結晶。